VERENA BLUM-BRUNI

HUUFYSE MIT GOMFI

Die Autorin und der Verlag danken herzlich
für die Unterstützung:

**Burgergemeinde
Bern**

Der Zytglogge Verlag wird vom Bundesamt für Kultur mit
einem Strukturbeitrag für die Jahre 2016–2020 unterstützt.

MIX
Papier aus verantwortungsvollen Quellen
FSC® C083411
FSC www.fsc.org

Lektorat: Angelia Schwaller
Korrektorat: Jakob Salzmann
Coverbild: Burgerbibliothek Bern, Sammlung Hans-Ulrich Suter 1141
Layout/Satz: Melanie Beugger
Druck: CPI books GmbH, Leck

ISBN: 978-3-7296-5030-5

www.zytglogge.ch

Verena Blum-Bruni

Huufyse mit Gomfi

Gschichte
us der Länggass

ZYTGLOGGE

Für Gertrud

Inhalt

Vorwort

Das stattleche, graue Mehrfamiliehuus mit em mächtige Walmdach a der Länggassstrass 74, am Egge zur Hochfäudstrass, treit es wichtigs Stück Gschicht i sich. Es het der Ufbruch i nes nöis Zytauter u d Verstedterig hutnaach mitübercho u gseh, wi sech d Läbeswäute vo üsne Vorfahre gründlech veränderet hei.

Das graue Huus spieglet di nöiji Wohnform mit Mehrfamiliehüser am Aafang vom 20. Jahrhundert i der Stadt u isch drum e wichtige Zytzüge. Glychzytig zeigts o ydrücklech d Gschicht vo der Migration us Italie. D Länggassstrass 74 isch nämlech 1930–32 bboue worde vo dreine Brüeder, em Zaverio, Egidio u Enrico de Maddalena. Di drei sy wi tuusigi angeri Boulüt us Italie i d Schwyz cho, wo me se dringend bruucht het. I üsne rasch wachsende Stedt hets e Huuffe Arbeit ggä für gschickti Handwärker us em Süde.

Wüu ds Huus säuber nid cha rede u verzeue, was äs erläbt het, häbe mir üs a myner Lüt, wo füfzg Jahr dert inne gläbt hei: d Grosseutere vo Mueters Syte, d Frieda, der Walter u ihri Familie. Im vierte Stock rächts obe, we me dervor steit, isch ihri Wohnig gläge. Jedes Mau, wenn i hüt ds Vieresibezgi gseh, chöme mir di zwöi i Sinn.

Wi söu i myner Grosseutere beschrybe? Dass d Frieda blaui Ouge het u Huuffe fyni Runzele u dass der Walter e dunkle Schnouz treit u kruslets Haar? E serigi Auerwäutsbeschrybig tougt gar nüüt, das ergit kes Biud, ke Heuge, wi si würde säge. Drum brichten i lieber Erläbnis u Gschichte, so dass me en Ydruck überchunnt vor vergangene Zyt, wo d Bewohner i däm Huus erläbt hei.

No ei Vorbemerkig: Ds Vieresibezgi dünkt mi bis hüt eis vo de wichtigschte Hüser ir Länggass wäge dene zwöine, wüu si sy di beschte Grosseutere gsy zwüsche Hingerchappele u Heiteried. Das Huus isch ds Fundamänt vor Frieda u vom Walter, wo ihri Änkle uf ihrem Läbeswäg es Stück wyt hei begleitet u ne mit Verständnis u Humor Yblicke ggä i ihri Wäut, wo hüt scho fasch vergässe isch.

Verena Blum-Bruni

HAUPTBAHNHOF
Bern. Bubenbergplatz

Toblerone u Tram

Für ds Läbe vo myne Grosseutere ir Länggass am Aafang vom 20. Jahrhundert z verstah, mues me zrügg luege i d Gschicht vor Stadt ir Aareschleife. Jahrhunderti lang hei vor Undertorbrügg bis zum Christoffelturm linggs u rächts Hüser mit Loube der Bsuecher begleitet, di meischte Geböid mit graugäubem Stockere-Sandstei us Ostermundige verchleidet. Bärn, di bhäbigi Stadt mit Rathuus u Münschter, het sit em Mittuauter geng fasch glych usgseh.

Aber am Änd vom 19. Jahrhundert u aafangs vom 20. geit d Poscht ab: Di gmüetlechi Mutzestadt verwandlet sech i churzer Zyt i ne rouchnende Hotspot. Fertig mit em gmüetleche ‹Trämträm trärädidi›, itz wird gjuflet. Wiso das nöie unbärnische Tempo?

Im 19. Jahrhundert setzt in Europa e Bevöukerigsexplosion y, wi me se no nie het erläbt. D Mönsche sy dank em Härdöpfu besser ernährt u widerstandsfähiger, d Hygiene macht Fortschritte, dank em Profässer Semmelweis geit ds berüchtigte Chindbettfieber zrügg u es git Impfige, öppe gäge d Pocke. Itz überläbe hüüffig sächs oder meh Ching pro Familie, viu hungerigi Müüler bruuche Lohn u Brot zum Überläbe.

D Mönsche finge Arbeit i de nöie Induschtrie, wo sech usbreite wi aasteckendi Chrankheite. Ungwohneti

Maschine tschädere u quietsche plötzlech, für d Bevöukerig mit de nötige Güeter z versorge. Fabrigge entstöh ir Neechi vo der Stadt, wos Arbeitschreft git. U wes dert z wenig Händ het, reise nöierdings d Lüt mit der Centralbahn häre, wo vo Thun bis z Bärn i Chopfbahnhof yne ratteret. Di schnoubende Dampfungetüm überwinde Ruum u Zyt u transportiere d Mönsche rasch zu ihrer Arbeit. E Strom, wo nid abrysst. Adelbodner chöme desahi, Erizer hinger füre u Guggisbärger nidsi. Überau lääre sech armi Gägende, wos wenig oder nüüt z verdiene git: Dä Sog heisst Landflucht oder Verstedterig.

Ungwohneti Geböid entstöh, längi roti Hochkamin stöh wi ufgstängleti Rüebli näbe riisige Fabrigghaue, unzähligi Redli bewege u drääje sech dert inne. Wäbmaschine fabriziere meterwys gwautigi Mängine Bouele u Lyne. Di nöie Unghüür produziere i wenige Stunde so viu Gwäb u Garn wi früecher zäh Wäber oder Spinner a eim einzige Tag, ds Porzellan ersetzt ds handdrääjte Chacheligschiir us em Heimbärg u d Hobumaschine u d Freese schaffe tifiger aus der Schryner. Churz gseit, aues wird schnäuer, exakter u biuiger.

Lüt, wo kes Handwärk glehrt hei, chöi i der Fabrigg ihre Läbesungerhaut verdiene u sy nümm nume Tauner, wo glägetlech bi de Puure dörfe ushäufe. D Fabrigg, o we d Arbeit monoton u lärmig isch, wird zum guudige Chaub vom Fortschritt. Unzähligi Manne u Froue finge z Bärn ihres Uskomme, öppe ir Tuechfabrigg ‹Schild› ir Matte bir Aare, ir Spinnerei u Wäberei ‹Felsenou› u ir Gurtebrauerei. Es git nöiji Branche wi d Schoggi-Induschtrie, wo ir Länggass feini Toblerone produziert. Chläberig süessi Melasse fliesst ir ‹Conserves Véron› i Büchse yne, ir Täfelifabrigg ‹Klameth› gits Schläckereie u ir vordere Länggass stöh Druckereie.

Es isch auso um nünzähundert wi we me e riisige Sack vou Lüt vom Land würd über der Stadt usläänre. Di Usgläärte plumpse i d Stadt, wo scho übervou isch, u es chöme geng no meh u dränge zu de nöie Arbeitsplätz. Ds mittuauterliche Corset vor Stadt wird z äng, drum schlyft me d Befeschtigungsmuure im Bollwärk u macht drus e breiti Strass, u sogar der bhäbig Christoffelturm mues wyche. Für d Umgäbig neecher a d Stadt z binde u der Aaregrabe z überquere, entstöh Brügge: Gly spanne sech Nydegg-, Chiuchefäud-, Chornhuus- u Ysebahnbrügg küehn über d Aare – wi Arme, wo sech gäg di nöie Quartier usstrecke, wo ir Umgäbig vor aute Stadt entstöh.

Di Zuechezogne bruuche es Dach über em Chopf, drum wachse d Überbouige unghüür schnäu. Zylewys Hüser wärde us em Bode usezoge wi ds Gjätt nach eme toue Räge: im Breiterain, um d Kasärne, gäge ds Monbijou, ir Länggass, u chly fürnähmer, im Villequartier vom Chiuchefäud.

Es wird gschuflet u glochet, wi längi Grageeu strecke Houzgrüscht ihri Stachle i d Luft. Der Bode isch tüür, drum wachse di nöie Mehrfamiliehüser i d Höchi u lege sech wi ne Chranz um di auti Stadt. I dene Nöiboute hets Platz für Familie, wo meischtens e ganzi Tschuppele Ching mitbringe. Drum bruuchts o no nöiji Schuelhüser, sogenannti Biudigskasärne: Brunnmatt, Viktoria, Munzinger, Laubegg u Spittelacher entstöh für d Jugend z schuele.

D Wasserchraft längt nümm für di vile nöie Grät u Maschine aaztribe, es bruucht zuesätzlechi Energie. Es entsteit es Gaswärk im Marzili unger, wo riisigi Hüüffe mit schwarz-glänziger Steichole us ganz Europa i de chuguförmige Chessle zu Gas wärde. Das liferet der nötig Pfupf zum Heize u Choche u bringt di nöie Latärne ir Nacht zum Lüüchte, so dass d Strasse häuer u sicherer wärde.

Wüus geng meh Fabrigge u Betriibe git u ds Gaswärk ir Matte nümm längt, stouet me z Mühlibärg d Aare mit ere gwautige Muur: Der Wohlesee entsteit. Turbine u Generatore verwandle d Wasserchraft i elektrischi Energie. Der Strom erlüüchtet di häue Lampe i de Wohnige. Die ersetze d Petrolpfunzle, wo trüeb flämmle. U di erschte Telefon fö aa z tschädere.

Di nöiji Wäut wird für jede sichtbar: Ds Dampftram ratteret dür d Stadtmitti u gly druuf gyxet ds elektrische Tram, ei Linie fahrt i d Länggass ufe. Di Tramwäge gseh uus wi bruuni Houztrucke uf Yseredli u vor u hinger am Wage hets je e Plattform, dert stöh di muetige Passagiere u paffe.

D Fuehrwärch mit Ross u Wage überchöme Konkurränz: Näb em Tram gits Velozipeds, o für muetigi Dame mit elegante Hüet uf em Chopf, wo gschickt über ds Chopfsteipflaschter balanciere mit ihrne schwarze Drahtesle ohni Übersetzig u wo zum Brämse nume der Rücktritt hei. Natürlech gits nöi o Outo, z Bärn bout me sogar e eigeti Margge, nämlech ‹Berna-Automobile›. Die Gfährt sy nid z töde, mit ihrne Houzreder, ere Blattfäderig u mene lute Motor. Es isch ungwanet, di Bänzingutsche ghöre z knattere u z schmöcke, wi si blaue Rouch hinger uselöö u fürchterlech stinke, we si der Aargauerstaude uuf schnopse.

Zu de Nöierige für di Erwachsene ghört ds Stadttheater am Chornhuusplatz, ds imposante Casino mit em Konzärtsaau u di erschte Cinémascopes. I dene cha me zur Live-Musig vom ne Klavierspiler bewegti Biuder bestuune, waggelegi schwarz-wyssi Stummfilme, wo d Schouspiler wi ufzogni Hampumanne dür d Biuder stogle.

Innerhaub vo knapp füfzg Jahr het auso der Bäremani syner Ermu hingere glitzt u Vougas ggä. Itz ghöre zum Stadtbiud Ysebahne, Velo, Houperitram, Outo u geng wider Bougrüscht.

Zmitts i dere Ufbruchstimmig nach nünzähundert touche myner Grosseutere vo Mueters Syte uf. Si sy zwee vo dene abertuusig Mönsche, wo vom Land här chöme. Beidi sy ir letschte Dekade vom 19. Jahrhundert gebore u stamme us der Umgäbig vor Stadt, d Grossmueter Frieda vo Illiswil u der Grossvatter Walter us em Gurtebüehl. Mit eim Fuess stöh di zwöi no uf em Land, mit em angere scho ir Stadt.

Sunne u Schiggane

Myner Grosseutere, der Walter (gebore 1898) u d Frieda (gebore 1892), wohne na der Lehr bi de Eutere uf em Land – nüüt da vo WG u uszieh, we me no wenig oder nüüt verdienet. I ihrem Hushautslehrjahr i der Stadt lehrt d Frieda e Huuffe, wo si speter guet cha bruuche. Wie u wo genau sich myner Grosseutere ds erschte Mau zueblinzle, weis i nid, vermuetlech begägne si enang i der Stadt u di läbesluschtegi u schöni Frieda vedrääjt em Walter der Chopf zgrächtem.

Wo si i de Zwänzgerjahr hürate, auso ds länge Jahr dinge, zügle di zwöi ihrer Arbeit nache i d Stadt u wärde dermit Ur-Länggässler. Ihres erschte Ching, es Töchterli, chunnt 1918 uf d Wäut, u es isch denn nid eifach, e Wohnig z finge für di chlyni Familie.

Drum wohne si zersch am Vereinswäg bi Verwandte im ne einzige Zimmer, när churz a der Mittustrass ir Neechi vo der hütige ‹Gelateria di Berna›, i eim vo dene graue Houzhüser, u de speter no am Wachtuwäg. Wo de no e chlyne Ghüderi aarückt, mues öppis gah! Ir Länggass wott me blybe, das isch klar, wäg em Tram i d Stadt u nid zletscht wäg em Wohlesee ir Neechi.

Das junge Paar suecht lang, wüu grossi Wohnigsnot i de wachsende Stedt herrscht. Für die z behäbe, häufe Tuusigi gschickti Italiäner, wo aus Muratori, Terrazzomacher, Gipser, Maler u Plättlileger aarücke. O im Süde gits grossi Familie, wo froh sy, we ihri Sühn Arbeit im Ussland finge. Drum chöme di drei junge Manne Egidio, Zaverio u Enrico de Maddalena us Cerro bi Caldana ir Neechi vo Varese uf Bärn. Si eröffne es Bougschäft u steue hie mehreri Geböid uf, unger angerem d Länggassstrass 74.

Wo um 1930 di vier mächtige Nöiboute mit em Innehof i d Höchi wachse, göh myner Grosseutere ga luege: D Hüser gfaue ne, der Zins ligt drinn u d Laag passt. No währet em Rohbou reserviert der Grossvatter e Wohnig im vierte Stock obe, dert heigs meh Sunne aus unger u me gseij ersch no wyter, a schöne Tage bis zu de Bärner Aupe. Ändlech e eigeti Bhuusig ir Länggass! D Frieda u der Walter ghöre zu de auererschte Mieter, wo i dä nigunagunöi Block zügle, u sy blybe fasch füfzg Jahr drinn bis zum Umzug i ds Autersheim am Ahornwäg.

Myner Grosseutere wohne vo Aafang aa gärn im Vieresibezgi. D Zimmer sy o für hütigi Begriffe grüümig u häu mit grosse Fänschter, guet usgstaffiert mit Houzböde us solidem Fischgrätparggett, ir Mitti a de Tiline hets um d Lampe e schöne Chranz vo Stuckature mit Stärnmuschter u im Stägehuus lige wyss-roti Terrazzoböde. Di nöie Bewohner schetzes, dass d Tramhautsteu naach bim Huus ligt, näb em ‹Chocolat Tobler›, wo geng e süesse Duft verströmt.

Vom Vorgarte im Vieresibezgi geits es paar Tritte ufe bis zur Hustüre u de i ds Stägehuus. Im Ärdgschoss linggs am Egge isch d Velohandlig ‹Bizzozero›, es renommierts Fachgschäft. We me näb der Wärchstatt düreloufti, schmöckts geng fein na Veloöu, Lädersättle u Terpentin.

Im dämmerig-grüene Stägehuus geits afe mau ufe, geng acht Tritte, när e Zwüschebode us Terrazzo, de nomau acht Tritte u na sächzäh Tritte steit me afe im erschte Stock. Linggs u rächts hets je ei Wohnigstüre, de chunnt di nächschti Stäge, der nächscht Zwüschebode, auso totau 64 Tritte us grauwyssem Stei, bis me ändlech vor der Tür vo myne Grosseutere isch. Damit di Stäge e chly ringer z bewäutige isch, hets e houzige runde Handlouf mit änge Kurve bi de Zwüscheböde. Es isch geng spannend i däm grüene Stägehuus, us jeder Türe schmöckts angersch u töne angeri Stimme.

Myner Grosseutere sy stouz uf ihres sunnige Logis im vierte Stock rächts obe, das het nämlech sämtlechi Schiggane, wos denn git: e Zentrauheizig, es Badzimmer mit ere grosse Badwanne, emne Lavabo mit ovalem Spiegu obedrann, u ganz schigganös, e Toilette mit emne Houzchäschtli aus Wasserreservoir u mene Houzgriff a re fyne Chötti zum Zieh für d Wasserspüelig. Di ganzi Herrlechkeit vo Badzimmer isch wyss plättlet u het ersch no es Fänschter ob der Badwanne.

D Wohnig het e chlyne Baukon näb der Chuchi gäge Innehof, dert steit der blächig Ochsnerchübu mit em ypresste Bäremani uf em Dechu, u der Chübu isch geng schön usgfüeteret mit Zytigspapier. E zwöite abgrundete Baukon mit Ysegländer luegt uf d Länggassstrass abe. Es isch sunnig dert obe, mit ere imposante Ussicht über das Gwirr vo de Decher u Chemi, vor Mittustrass bis zum Bremgartewaud hingere, zum Gurte übere u zur Poulus-Chiuche füre bis zu de Aupe. Dä Baukon isch so ne Art e Horchposchte, es git geng öppis z gseh oder z ghöre, bsungers ds Tram, wo gyggset u rumplet i syne Schine.

Ir Chuchi steit e chlyne Gussofe für ir Übergangszyt chly z tämperiere u dernäbe wartet geng der schreeg abgschnittnig Cholechessu. Zum Choche gits e Gasherd mit linggs u rächts glänzige Messingstange dranne für d Chuchitüechli u di wysse Pfanneblätze mit em rote Rändli ufzhänke. Im grüümige ybboute Chuchischaft lagere aui Schätz u ds Gschiir, wo ne Hushautig bruucht. Es het sogar es Vorratsschäftli mit emne grüene fyne Flöigegitter dervor. Der mächtig gäublech Schüttstei isch wichtig, dert nimmt der Grossvatter aube d Fisch us em Wohlesee uus, u drinn süberet natürlech ds Grosi ds Gmües. Im Gang näb der Wohnigstüre us grüenem Miuchglas hanget sogar – denn no ne Luxus – es schwarzes Wandtelefon mit Wääuschybe, Margge ‹Hasler›, befeschtiget am ne Houzbrätt. Natürlech isch di ganzi Wohnig elektrifiziert.

Zum Logis ghört e Mansarde mit Houzschyter, Spittli u Tannzäpfe drinn, wo myner Grosseutere flyssig sammle, wüus nüüt Bessers git zum Aafüüre. Im ne flache Chorb lige Boumnüss zum Tröchne, wo im Winter d Wiehnachtsgüetzeli ziere. Im Chäuer warte d Briggett i schwäre rächteggige Pack mit Ysebänder u im ne Houzverschlag am Bode glänze schwarzi Chole äbefaus für ds Gussöfeli. Der Grossvatter treit währet der Übergangszyt jede Morge der läär Cholechessu abe u fergget ne am Mittag gfüut wider ufe. Im Chäuer stöh no zwo mächtigi Houzhurde, unger lige d Härdöpfu u obedruffe steit e Batterie Ymachgleser wi Soldate bir Muschterig.

So, das wäre di üssere Umständ, sozsäge d Verpackig für di Gschichte vom Vieresibezgi u myne Grosseutere Frieda u Walter, wo geng wou sy gsy i ihrem Logis. I fröie mi hüt jedes Mau, dass ‹ihres› Huus no steit u sy mer vilech zueblinzle vom Baukon oben abe, wenn i unger düre gah.

Wohlesee u Wurmbüchse

My Grossvatter Walter wachst im Gurtebüehl obe uuf, wo syner Eutere e Miuchhandlig hei. Na der Schuel geit är 1914 zur BLS, der ‹Bärn-Lötschbärg-Simplonbahn›, u schaffet es Läbe lang dert aus grosse Bewunderer vo de Ysebahne, wo denn totau en vogue sy. E Lokfüehrer wird meh bewunderet aus hüt e Pilot. So ne schwäri Dampfmaschine, wo meh Chraft het aus füfzg Ross, chunnt viune Zueschouer unghüürig vor. Auso, ab zur Bahn!

Ihm passt das u sy Vatter fingt, de machi er nüüt Dümmers. Eso nimmt me am Aafang vom 20. Jahrhundert sy Läbesplanig a d Hand, es git ke Bruefsberater u keni Teschts, öppe es Schuelzügnis leit me vor.

D ‹Gürbetau-Bern-Schwarzeburgbahn› (GBS), e Linie vo der BLS, isch sys erschte Würkigsfäud. Aafaa tuets mit ere Stationslehr im Houptbahnhof Chüniz, auso ir ‹Gare centrale de Köniz›, wi är gspasset. Zwo Weiche hets dert, eini gäg Schwarzeburg ufe u di angeri gäge ds Fischermätteli abe, won är mues richte, auso di schwäre Steuer us Gussyse hingere u füre drücke, natürlech vo Hang. Das macht er mit grosser Gwüssehaftigkeit, u wenn är e Zug abpyft u abwinkt, treit är vorschriftsgemäss sy Uniformhuet. Di ganzi Arbeit, speter d Züg zämesteue u la rangiere, uf- u ablade, macht em Grossvatter Fröid. Er lehrt o telegrafiere u morse für wichtigi Mäudige uf Schwarzeburg ufe oder Bärn abe dürezgä.

Der Bahnhofvorstang z Chüniz säuber het das nid gärn: Das ‹Piep-piep-pipipiep› machi ihn nervös, schimpft er, das syg Gvätterlizüüg für Ching. Wahrschynlech isch das wi hüt mit de Computer, wo di Junge Fröid hei u di Aute Erger.

Der Walter isch glücklech mit syr Bruefswaau, er darf uf em ganze Streckinetz vor BLS gratis umerössle, ds Simmetal düruuf mit der ‹Spiez-Erlebach-Zwöisimmebahn› (SEZ), gäge Nöieburg hingere mit der ‹Bärn-Nöieburgbahn› (BN), dür ds Gürbetau mit der ‹Gürbetal-Bärn-Schwarzeburgbahn› (GBS) u wenn er i d Stadt abe geit, studiert er geng am grosse Sackbahnhof d Lokomotive vo syr Konkurränz, der ‹Schwizerische-Bundesbahn› (SBB). Är wott aues wüsse, wi mängi Achse, wi viu Tonne Zuglascht – är blybt bis zu sym Läbesänd e aagfrässne Ysebähnler.

Säubverständlech isch d BLS ‹sy› Bahn, u wehe, we se öpper aus ‹Bähnli› tituliert! De wird är buechige, u es geit los: Achtung, me heig schliesslech zwöi Tunnäu, der Lötschbärg u der Simplon, nid nume der Gotthard wi d SBB. Aus richtige Bähnler kennt er aui Statione der Reihe naa, d Näme vo de Vorstäng – u natürlech speter – de no aui Bahnhofbüffee.

Eines Tags, no währet der Lehrzyt i de Zwänzgerjahr, montiert me für e Schwarzeburger o ds Chüniz Ample mit grüene u rote Liechter – da platzt der Troum vo däm junge Maa. Werum? Na es paar Donnerwätter vom Bahnhofvorstand schickt me der Lehrbueb i d Insel. D Ärzt diagnostiziere, dä heig äbe itz di nöiji Chrankheit, dä syg ke Laueri, sondern sogenannt farbeblind, chönn Rot nid vo Grüen ungerscheide. Was itze?

Drufabe landet my Grossvatter im Büro vo der BLS-Verwaltig a der Gänfergass: fertig Ussedienscht, nie meh winke oder pfyfe, abfertige oder Weiche steue. Wi ne Vogu im Chefig chunnt är sech zersch vor. Läbeslänglech Gänfergass heig er verwütscht, verzeut er speter fröhlech.

Stenografiere, schrybmaschinele, bi dene schwarze Metauchischte chreftig uf d Taschte houe u nöiji Farbbänder ylege ohni blaui Finger z übercho, so ischs de wyterggange. Offebar het er es guets Näsi für Fahrplän, er überchunnt Fröid dranne im Gägesatz zu sym Chef. Das Koordiniere u Usetüftele passt em Walter, u wo sächzg Jahr speter d Taktfahrplän o ir Schwyz chöme, strahlet er u meint: «I has geng gseit, das gieng doch bi üs o!»

Dank em Chef, wos nid so mit de Fahrplän het, landet der Grossvatter bi der Planig. Wüu ne o d Konkurränz SBB intressiert, fahrt är mit jedem Bärgbähnli u em hingerschte Tschutscherli, är chuttet ir ganze Schwyz ume, studiert Aaschlüss u louft mit em Streckewärter z Fuess dür e Lötschbärg u dür e Simplon. Är kennt aui Spurbreitine, jedi nöiji Lok, rytet im Füehrerstang mit u isch gruusam stouz, dass ‹sy› BLS vo Afang aa elektrisch dür e Lötschbärg schnusset.

Mit em Büro-Chefig arrangiert är sech, nid z letscht wäg em Wohlesee, wo ir früeche Jugend vom Walter entstange isch. Mängisch isch är aus Bueb ga luege, was da passiert: Nam Bou vor Stoumuur z Mühlibärg isch d Aare langsam zum See worde, Hüser u Wäge sy versunke, Schiuf isch gwachse u di erschte Änte sy cho z schwadere.

Dass är bir Wohnigssuechi ir hingere Länggass im vieresibezgi blybt hange, isch ke Zuefau. Für e Grossvatter isch dä See wi nes Wäutwunder, ds Wichtigschte sy natürlech d Fisch drinne: Barbe, Nase, Hechte, Foräue pfyle ume, u är luegt ne nid nume gärn zue, no lieber zieht är se use. Di erschti Ruete baschtlet er säuber, aber gly mues rächti Waar häre, wüu är sys Hobby für ds Läbe fingt.

Der Wohlesee wird sys zwöite Büro. Me chönni dert so guet i Rueh nachedänke, ds Telefon tschäderi nid ständig, s heig früschi Luft zum Versoue u kene syg am Tubake wi im Büro, schmunzlet är. D Länggass isch di ideali Usgangslag für e Walter. Wo me i de Füfzgerjahr am Samschtignamittag nümm mues schaffe, steut är sys Läbe um. Scho em Frytigaabe steit der Rucksack ir Chuchi, Wurscht u Chäs verschwinde drinn u ne toue Bitz Brot, e auti Zytig für druffe z hocke, fyni u fynschti Köder u am Samschtig vor em Abmarsch chunnt no di gfüuti Wurmbüchse derzue. Der Wurmnachschschueb züchtet är uf em Chuchibaukon vom Vieresibezgi, zum grosse Erger vo syr bessere Heufti. Zu de wichtige Vorbereitige het natürlech o ghört, d Fischruete z kontrolliere u drannume z chlütterle.

Am Samschtigmittag nar Büez ir Stadt unger stürmt er mit em auererschte Tram, wo ner verwütscht, i ds Vieresibezgi, wächslet hurtig d Chleider, nimmt es Täuer Suppe u de geit er ab uf d Pischte. Bevor är schwungvou d Wohnigstüre schletzt, seit sy Aagetrouti jedes Mau mezza voce, aber doch so, dass ärs no ma ghöre: «Hoffetlech bysse si nid», wüu si lieber öppe es Stück Fleisch het aus so nes Nadlechüssi, wi si d Fisch tituliert. Der Walter konteret u singt lut: «Won ig no bi ledig gsy, ischs mir am wöuschte gsy.»

Der Grossvatter wydlet zfride dür e Bremer abe über di nöiji Halebrügg, biegt nam Brüggenänd scharf linggs ab u louft nidsi zum See. Vergnüegt tubet är ab: Erschtens, wüu är sech uf nes paar fridlechi Stunde mit de Fisch fröit, di häbe sech schön stiu u reklamiere nie. Zwöitens wäg de guete Sache im Rucksack, bsungers dene, wo im Rucksack chlefele: Di Glasbehäuter steckt är im Chäuer no hurti y. D Grossmueter weis scho, dass er Flüssigs ypackt, u de nid nume Kamilletee!

Fröhlech pfyft är der ganz Wäg dür e Bremer ab, obs Chatze haglet oder Hüng schneit, är zieht bi jedem Wätter los. Är fröit sech o uf syner Fischerkollege, u mängisch jasset me de, we di gschyde Fischli nid aabysse.

Wen är am Aabe stiu aarückt, weis d Grossmueter, dass er nüüt Schlaus zoge het, aber wen er sogar singt, isch klar, dass es e brave Fang isch. Eine, wo ner sicher mit syne Kollege ir Halebrügg scho gfyret het.

De verwandlet sech d Chuchi im Vieresibezgi i ne Fischbeiz, am Schüttstei nimmt der Grossvatter syner Fische us u filettiert se pynlech suber. Wes de so wyt isch, faats der Grossmueter langsam aa gfaue. Itz isch si dranne mit Choche, Brate oder Siede, u das passt ihre. Fischsüppli, frittierte Hecht, zarti Barbestückli, Nase mit dämpftem Gmües, für jede Fisch het si e spezieui Art. Nume Brätle syg de gar nüüt, meint si aube. Gmeinsam gniesse si de Fang, natürlech begleitet vom ne schöne trochne Féchy oder emne liechte Johannisbärger – wüu na der Aasicht vom mym Grossvatter müess das tote Fischli wyterschwümme, süsch chömms nie i Himu.

Mit der Zyt isch en Art Fischerkolonie entstange unger a der Halebrügg mit ere Hampfele Fründe u em zämegschueschterete Houzhüttli ohni Boubewiuigung, bestückt mit Usloufmodäu vor letschte Pouschtergruppe, es paarne Matratze, em chlyne Herd u natürlech em Houzschiffli mit Motor.

Zum ‹Wohleseekapitän mit Motorschiff› avanciert my Grossvatter, da bruuchs Gott sei Dank keni farbigi Signau. Im Winter nimmt är sys Schiffli mit de Kollege zum Wasser uus, bockets verchehrt vor em Hüsli uuf, u de bäschele, schmirgle u höbele si drannume wi a der tüürschte Jacht. Derzue tüe si, i auti Rossdechine ygliiret, fachsimple über nöiji Schiff, gäbigeri Fischruete u luege uf e Wohlesee. So vergöh o d Wintersamschtige, geng bim Schiff oder de Fisch. Am Sunntig geit das leider nid, da het är Ermudienscht: Är mues sy Frou usfüehre, o wes nume i d Stadt abe zum ne Gaffee isch.

Der Wohlesee schänkt mym Grossvatter Rueh u Energie. Stundelang beobachtet är Fische u Vögeli, syner Luftakrobate. Ds Schönschte syg, im Früehsummer na de viere am Morge i Kahn z stygе, ohni der Motor aazla, sech lyslig la z trybe u zuezlose, wi der Waud u syner Bewohner erwache, d Amsle, der Buechfink u der Zilpzalp z ghöre, im Mei sogar der Gugger. Na emene fyne Rägeli zwitscheri di Zwöibeiner viu läbhafter aus bi schönem Wätter, beobachtet er. Är isch äbe nid nume im Büro exakt gsy, sondern o dusse. Di vile Vogustimme syge schöner aus jedes Konzärt, betont er.

Aus Ching han i mänge Abmarsch vom Grossvatter mitübercho. I gseh geng no vor mir der häubruun Rucksack mit de dunkle Läderrieme, di uraute verbbülete Knickebockerhose, wo äuä scho der Noah uf der Arche mues treit ha, der scharf gschliffnig rot Sackhegu, wo är am ne Chötteli a de Hose befeschtiget, der graugäub Huet, wo vor Auter ke Jahrgang meh het, im Winter e warmi Chappe – u der zfridnig Grossvatter, wo ir syr verblichene Montur strahlet.

I dere heimelige, hüt sieg me «authentische Bchleidig», mit em verbbülete Rucksack u der Fischruete wird er einisch fotografiert vor em imposante Kanderviadukt z Frutige für nes Plakat vo der BLS. Derzue seit er nid unbescheide, sys Hobby dusse ergänzi sech wunderbar mit syr Arbeit dinne u me chönni Dümmers mache aus öppe e guete Fang.

Aui, wo der Walter kenne, gspüre, dass es ihm eigetlech gar nid um ds Fische geit, sondern um di ydrücklechi Landschaft am Wohlesee. Dert am Wasser isch är eifach glücklech, ‹Work-Life-Balance› seit me däm hüt schön änglisch.

Wo der Walter pensioniert wird bir BLS, het ihm der Chef der Gottswiue aa, är söui doch no chly blybe, nume es paar Mönetli, Gäud chönn me geng bruuche. Das chunnt bi mym Grossvatter nid guet aa. Är cha guet rächne u wes i der Kasse knapp wird, schmunzlet är aube u dänkt a dä Spruch uf sym Äschebächer: «Das

Leben ist am schwersten drei Tage vor dem Ersten.» We mes guet yteilt, längts. Nume für nes paar Franke lenger z schaffe, bhüetis nei!

Är bruuchi wenig, fische syg biuig, da syg me der ganz Tag dranne u we me es schöns Fischli zieht, am Aabe o müed, ersch no ohni Erger. Ke Stung, ke Tag u ke Monet lenger gseiji me ihn im Büro, won är über vierzg Jahr het gschaffet. Der Grossvatter gniesst no mängs Jahr der Wohlesee, e Hüüffe Fischli u nes paar Dreierli. D Pensionierig syg ds Beschte am Wärche, laat er la verlute.

Schaggettchleider u Schabe

Ds Schlafzimmer vom Vieresibezgi luegt uf d Länggassstrass abe. Jedes Tram, wo düregyret, macht d Glasschybe vom Chleiderschaft z chlefele, nume fyn zwar, aber das Grüüsch isch faszinierend. Mir gfaut ds ganze Zimmer, mitts a der Tili hanget e häubruuni Opallampe u obedranne hets stärnförmigi Stuckature.

Uf em Toilettetischli bim höche Spiugu tigget aus einzigs männlechs Utensil em Grossvatter sy grüen Wecker. Scho das isch zimlech lut, aber wen er am Morge tschäderet, macht är so ne Krach, dass me vor Chlupf fasch zum Bett us gheit.

Ds Wichtigschte für mi isch der Chleiderschaft. Hinger der Glasschybe vom mittlere Töri hanget nämlech e blaugrüene Sydevorhang, changeant. Das heisst, er wächslet sy Farb vo Blau zu Grüen, je nach Sunneliecht. I stah gärn vor däm Schaft, bsungers, we d Grossmueter di drei Türe uftuet. Hinger der lingge Tür gits nume haub offeni Schublade: Walters Hemmli, Grawatte, d Ungerwösch für beidi, der Frieda ihri Gloschli, roseroti, blaui, gäubi, süsch isch die Abteilig stinklängwylig.

Aber di zwo angere Flügutüre heis in sech, die mit em Vorhang u die us Houz. Hinger der houzige hange em Grossvatter syner Chleider, nume es paar Bügle, u natürlech beleit d Grossmueter di zwöiti Heufti u der ganz Bitz hinger em Vorhängli.

Was für ne Aablick isch das! Farbigi Stoffe, liechti Summerchleider, warmi Mäntu mit weiche Pelzchräge us Fuchs u Nutria, Bluse i viune Farbe u Muschter u uf de Tablar über de Chleider sy d Hüet, mit Schleierli oder küehne Fädere, Rapsbänder, Sydeschloufe, Sammet oder Beeri us Wachs, eifach Tröim!

Bevor i di Koschtbarkeite darf aarüehre, mues i d Häng wäsche ir Chuchi, aber de chan i aafa taschte u gspüre, ändlos der Sammet chafle, mit u gäge ‹sens›, Sydelätsche um d Finger liire, über e weiche Filz stryche, handgfasseti Chnöpf zuetue, Netzlihändsche fürenifle, u natürlech darf i aues aalege bis zu de Schueh abe. D Frieda hiuft mir bim Aalege u Abzieh, setzt mir d Hüet richtig uf, dass es chic usgseht, nid wi nes Puureföifi vom Land, kommentiert si sträng. I cha mi niene so vertörle wi mit däm Chleiderschaft.

Nam Mittag faat ds Spili aa: D Frida studiert, was si söu aalege für i d Stadt zu de Fründinne, natürlech nid ds Ordinäre vom Morge. «We me vo Huus geit, isch me guet tuechet u gwandet», isch ihri Devise. Dermit chunnt die Qual der Wahl.

«Rägnets, ischs heiss, luftets?», sy di erschte Frage u no eifach z beantworte. Aber när chöme d Ywänd: «Nei, das isch mir z farbig, das isch z fyschter, das han i scho ds letschte Mau treit, das macht mir z heiss»; so wimmlet si fasch jede Vorschlag ab, wi ne Vernähmlassig im Parlamänt. Am Schluss macht d Frieda genau das, wo si het wöue, äbe o wi i der Politik.

We d Grossmueter öppe es nöis Chleid im Gürbi het, wo em Walter nid passt, und es drum geit, ihre das uszrede, gits zwo Müglechkeite, beide heftig. Di erschti isch: «Mou, es schöns Chleid, aber es macht rundlech», was gar nid guet aachunnt. Di zwöiti Chance für ne Chouf abzwehre, isch di todsicheri. My Grossmueter isch es paar Jahr euter aus der Walter, das bysst se mängisch, drum hueschtet är de ganz undiplomatisch: «Ou nei, das macht äutelig.» Serigs git de Stimmig im Vieresibezgi obe.

O d Hüet füehre mängisch zu Dischpute mit em Walter, wo di Chopfbedeckige vom Huetsalon ‹Modes Anne Friedländer› am Buebebärgplatz reschpäktlos aus Tschirbi, Unfäu, Chrääjenäschter, Tscheber u mit no weniger charmante Usdrück bezeichnet.

U de ersch d Frisure vo syr Gemahlin! Si laat ds Haar la onduliere, das isch fürnähm gseit für d Duurwäue. We se der Figaro im Salon macht, hei aui d Nase zue, wüu ds Wasser für di Chrümp i d Haar z mache gruusig stinkt. Stundelang hocke di Opfer uf em Sässu, zersch drääjt der Meischter chlyni Haarbüscheli uf metauigi Bigudi mit Löchli, dert steckt är es Stäbli dry. We aui Haar ufgröuelet sy, läärt är es stinkigs Wässerli über di Metausammlig, nimmt e grossi Hube u stüupt se über e Chopf vor Chundin. Si sitzt fasch e

Stung lang unger däm heisse Ritterhelm, wo lut suret, si schwitzt u het Chopfweh, unbarmhärzig wird wyter gheizt. Dass Schönheit mues lyde, schwär sogar, merkt jedi.

Na dere Hitzeprozedur chunnt Neutralisierigswasser über di Röueli, wo o stinkt, aber angersch, u de ändlech wäscht u schnydt der Meischter ds Haar. Föhne u Frisiere göh de ringer, aber we die Duurwedele uf em Chopf sy, gits es spannends Farbespili, je nach der Chemie, wo aagwändet wird: Es blöielet, giubelet oder grüentschelet, teu Haar lüüchte violett oder rosénig, so dass der Walter einisch erbost seit, är erschiessi itz de dä Coiffeur mit heissem Fleischchäs.

Auso, nam Mittag warte d Schwöschter u ig vor em Chleiderschaft. We de e Aalegi genähm isch, suecht d Grossmueter no di passendi Täsche, Händsche u natürlech o der Huet derzue uus, u de ändlech zottle mer los. Zersch aber chunnt no der obligat Satz, wo mir Ching hasse: «Mi früürts e chli, leget ds Schaggettli aa, das cha me ir Stadt unger geng bruuche.»

Bim ‹Tobler› heissts ystige, u my Grossmueter rümpft vor der Fabrigg liecht d Nase. Dä süess Gstank mög si fasch nümm erlyde, Tag u Nacht, je nach Wätter meh oder weniger, u tatsächlech isst si nie Schoggi, wi schynbar no mänge Länggässler.

Im Tram hets zwee längi Bänk beidne Syte naa, ir Mitti steit me u het sech a re Metaustange oder bruune Handgriffe ob em Chopf. Wär use wott, zieht am ne churze Läderseili, wo obeabe plampet. De lütets, u der Tramfüehrer hautet bir nächschte Station. Ä Kundi kontrolliert u verchouft Billets, gäubi, blaui u roti. Für das hanget am ne schwäre Läderrieme e haubrundi Blächkasse vor sym Buuch. Die het Münzfächer, schön gordnet na Wärt: Zähni, Zwänzgi, Füfzgi u Fränkler scheppere dert drinne. Der Kundi leit di Batze exakt i ds richtige Fach, u wen är mues usegä, drückt er mit em Duume di runde Chnöpf abe u de tschäderet ds Rückgäud i di chlyne Chächeli.

Hinger uf der offene Plattform ohni Schybe stöh d Manne u rouke, nie Froue, das wär e Skandau, nume d Herre vor Schöpfig dörfe tubake. D Stümpe, d Zigarette u d Pfyfe verbreite blaue Dunscht. Statt es Türli hanget uf der Plattform e churzi Chötti obe am Stägli, damit niemer usegheit.

D Grossmueter erklärt üs währet der Fahrt dür di ganzi Länggyge, wi di Hüser heisse u was drinn isch: Läde, Kiosk, Schuehmacher, Poscht, Apotheeg, Aukohouverwaltig, Frouespitau u Obergricht.

Zvorderscht ir Länggass am Faukeplatz bewundere mir ds Türmlihuus mit de roserote Süüle, rote Steine u wysse Verzierige, reine Jugendstil, prächtig garniert mit runde Baukönli u gwöubte Dechli drüber. ‹Turmac› isch aagschribe, e Zigarettemargge. I meine, so heissi das Schloss, aber wo d Grossmueter erklärt, da sygi ke Prinzässin drinn, nume Wohnige u Büro, bin i schwär enttüüscht.

Si louft einisch äxtra mit mir näb em Türmlihuus düre, verby ar Buechdruckerei ‹Stämpfli› mit de lute Maschine u am Verlag ‹Kümmerli & Frey›, wo si geng di nöischte Landcharte chouft für e Grossvatter, aber es git dert hinger em Türmlihuus ke Park mit emne Prinz drinn. Wo mir es angersch Mau über e Faukeplatz bir Buechhandlig ‹Haupt› verby göh, hets i däm Lade zwar spannendi Büecher, aber o nüüt Chüniglechs.

Unger ar Schanzebrügg faat eigetlech d Stadt ersch aa, gäge Loeb zue bim Traminseli mit em Kiosk heissts usstyge. Dert isch geng es Gnuusch uf der Strass, ds Yspure um e Loebegge choschtet di arme Fahrschüeler mänge Schweisstropfe, u der Tschugger pfyft hässig u fuchtlet, we d Fuessgänger säubständig übere lauere. We frächi Giele uf em Velo dürechutte u lut zwöi mau «tsch tsch» zische, ergeret sech der Ornigshüeter. Das heisst für Insider «Tschou Tschugger», aui, wos wüsse, grinse, usgno der Polizischt.

Üses Ziu isch der ‹Gfeller Rindlisbacher› am Bäreplatz, scho denn e Begriff für syner Chüeche. Auso, ds Rohr ab, bir Beckerei ‹Ischi› mit de blaue Chachle verby, näb em ‹Rüfenacht & Heubärger› düre, bim

Chefigturm wider über d Strass dür Hüüffe Outo. Fasch ungloublech, aber i de Sächzgerjahr het me z Bärn einisch di gloriosi Bieridee gha, d Outobahn über e Bäreplatz z füehre!

No schnäu zum ‹Hossmann & Rupf› ga Fade u Chnöpf choufe, i Friedas u my Lieblingslade. Reihewys Schubladestöck mit aune Farbe u Forme vo Chnöpf stöh da, wo natürlech im Ton genau müesse passe, vilech no es Bordüreli zum Verziere. I de Vitrine lige Sydeblueme, wysse Chopfschmuck u Schleierli für e Hochzytstag. I dere prächtige Mercerie chönnt i mi stundelang vertörle, aber es geit leider wyter.

Friedas Fründinne warte scho im ‹Gfeller›: Kläri, Emmi, Lina, Hanni u wi si aui heisse mit ihrne autmödische Näme. Aune het me schön müesse d Hang gä, när isch me abghocket zum ne Tee, mir Ching hei es Sirup mit emne Röhrli übercho. Der Nidlechueche im Winter u der Ärdbeerichueche im Summer sy der Lohn für di längi Warterei vor em Schaft. Es isch mir i Fleisch u Bluet überggange, dass me dä Froue ja nid sött dryrede bir Aalegi – si mache glych, was si wei.

Uf e Grossvatter warte mir nie lang für furt z gah. Er leit aa, was ihm di besseri Heufti uf em Bett zwägleit, vor Ungerwösch über ds Hemmli, vo de Socke bis zur Grawatte. Är isch froh, dass är nid säuber mues useläse. D Chleiderfrag steut sech nie, sy Garderobe bruucht nume e haube Schaft. Mode intressiert ne gar nid u d Frieda bruucht ihri ganzi Rhetorik für ne z überzüge, dass itz e nöiji Bchleidig nache wär.

Är mues geng gschalet ga wärche, i Hemmli u Grawatte, das wird vo de Beamte, dene Schrybtischtigere, so erwartet. Näbe dene Wärchtigchleider, bruun, grau, blau oder us Tweed, hanget o ne schwarzi Bchleidig, e schwarze Chittu u Hose mit fyne grau-wysse Streife. Es siubergraus Sydegilet ghört derzue, di fyrlechi Aalegi isch für Hochzyte, Toufine, Beärdigunge u angeri Feschtivitäte ddänkt.

Zu aune Aazüg vom Grossvatter gits es gfüeteretes Gilet mit emne sydige Rügge, das bruuchts unbedingt. Ohni Gilet syg me nid aagleit, das syg süsch es Gfotz u me wüssi de nid, wo d Sackuhr befeschtige. D Chleider laat är bim ‹Schild› ir Matte unger la mache, denn chouft me no nid ab der Stange. Der Schnyder weis haargenau, dass der Walter es Täschli bruucht für sy siuberigi Uhr.

Die isch spannend, wüu der Dechu ufspringt, we me uf ds chlyne Chnöpfli bim Sächsi unger drückt. Obe a der Chrone bim Ufzug hets e Ring, dert dranne hanget di siuberigi Chötti. Si ändet am ne Fäderring, wo der Grossvatter am dritte Chnopfloch vom Gilet yhänkt, bevor er d Uhr im lingge Gilettäschli versorget. Rächti Manne heigi äbe e Sackuhr u nid so nes Gschmöis a der Hand wi d Froue. Üs Ching imponiert di glänzegi Chötti, wo wi ne Schmuck abehanget.

Am Aabe nimmt der Grossvatter d Sackuhr use für der Wecker z richte, de isch Zyt für ungere z gah.

We mir z Bsuech sy i der Länggass, dörfe mir mängisch d Uhr i d Hang näh. Das isch es ganz bsungers Privileg, si isch no schön warm vom Grossvatter. Är erklärt üs stouz, dass är die vo sym Vatter heig, wo se anno 1867 bim ne Uhregrübler ds La-Chaux-de-Fonds hinger kouft heig, müehsam zämekratzet mit de Räschte vo syne erschte Löhnli. Di auti Montere, wi är aube seit, gäbs de lenger aus ihn. So ischs de usecho, mir hei se bis hüt höch in Ehre.

Der gröscht Find vo dä Chleider, meischtens no us Wullestoff, im schöne Chleiderschaft im Vieresibezgi obe sy d Schabe. Di perfide, chlyne Viecher, wo sech yschlyche, ihrer Büüch vouschlö, bösi Löcher hingerlö u sofort uf ds nächschte guete Stück wytergumpe. Drum rückt d Grossmueter mit ere Metausprütze uf ere blaue Büchse aa, besprüehit d Wullechleider dusse uf em Baukon, dass es stübt u fürchterlech stinkt, laat d Chleider e Tag lang dusse u hoffet, si heig dene Wullemörder der Garaus gmacht.

Das macht d Frieda im Früehlig u im Herbscht, si verpeschtet dermit di ganzi Hushautig. Der Walter fingt, da schmöcki syner Stümpe grad wunderbar dergäge.

Vor der Erfindig vo viune outomatische Grät ghöre e Huuffe strängi Arbeite zum Läbe vo de Froue, wo sich zu där Zyt um Hushaut u Ching kümmere. Wösche tuet d Frieda ir Wöschchuchi vom Vieresibezgi unger: Am Vortag weicht si di dräckigi Wösch i graue Metaubecki y, laat se über Nacht la stah, füüret am Morge früech der Wöschhafe y, schüttet chauts Wasser mit em Chessu dry, rybt di ygweichti Wösch uf em schreege Wöschbrätt mit grosse viereggige Stück vom ‹Savon de Marseille›, laat se nam Rybe i ds chochige Wasser vom Hafe gheie, la choche, nimmt di gchocheti Wösch mit länge Houzzange use u schwänkt se im Trog, mues ufpasse, dass si sech nid mit heissem Wasser verbrönnt, tuet d Wösch chaut spüele, ir Uswindi la schlöidere, hänkt se dusse oder im Tröchniruum uuf, treit se im Wöschchorb ufe – u de faat ds Glette aa.

D Wöscherei isch e gfährlechi u aasträngendi Arbeit. D Frieda fröit sech riisig, wo si i de Sächzgerjahr di erschti Wöschmaschine überchunnt, das syg di schlöischti Erfindig, wos je heig ggä.

Der Stouz vo der Grossmueter sy tipptopp gletteti Hemmli ohni es einzigs Fäutli. Das macht si mit emne schwäre Glettyse, emne haube Ambos, wo nume glüeijig heiss isch oder fasch chaut. Uf em Chuchitisch ligt e dicke Molton, drüber es Lyntuech, u mit emne nasse Hudu dämpft si d Knopflyschte, d Manschette u d Chräge, dass es zischet, när mues si uf em Ermubrätt der Räschte glette. Itz no zämelege, la abchaute u de i d Schublade vom Chleiderschaft yne bygele.

D Frieda leit grosse Wärt druuf, suber u schön aagleit furt z gah, das verlangt si o vo ihrer bessere Heufti. Wo di beide euter wärde, erwyteret der Grossvatter d Vorschrift vo der Frieda humorvou: «We me vo Huus geit, isch me guet tuechet u gwandet, de länkts vom Gsicht ab.» E wyteri Ussag, wo bis hüt zu de Familiesprüch ghört.

Chleiderpfleg heisst flicke, nüüt furtpänggle, Sorg ha, zwüsche Sunntig- u Wärchtigchleider ungerscheide, vo de eutere Gschwüschterti nachetrage, Söim u Ermu aapasse u natürlech ir Schuel über d Euböge Überermu trage, d Meitschi Schürz für d Chleider z schone.

D Grossmueter chehrt d Hemmlichräge no sorgfäutig, we d Spitze abgrafflet schyne, das isch e Geduudssbüez für tubetänzig z wärde: Zersch zieht si d Stäbli, wo der Chrage schön styf hei, ganz use, när trönnt si der wüescht Chragebitz ab, mit emene scharfe Schärli, Stichli für Stichli, ja nid rupfe, süsch gits es Loch i ds Gwäb. Der usetrönnt Chrage chehrt si um, di schöni Syte chunnt füre u mit viu Fingerspitzegfüeu sogar d Eggeli.

Das Wärk gratet nume bi guetem Liecht, auso sitzt d Frieda am Tisch ir Stube hinger em grosse Fänschter. So, itz wär der Chrage kehrt, itz mues me ne sorgfäutig Stich um Stich wider yne nääje, o das e Chrampf. Jedes Fählerli gseht me.

Düregwetzi Lyntüecher blätzet si mit grosse rächteggige Bitze, mit fyne Stichli macht si di nöie Näht mit der Nääjmaschine Margge ‹Pfaff›, u isch stouz, dass si o d Löcher i de Chuchitüechli geng wider cha flicke, bis es de Putzhudle drus git.

Das aues u ds Sockemanagement, so sieg me hüt, ghöre zu de Husfrouepflichte. Rächti Socke sy us Wulle, a der Färsere versterkt mit emne fyne Fächtli, meischtens sy die bruun, schwarz oder meliert. My Grossmueter het hunderti vo Socke glismet uf vierne Nadle, si het nie gstudiert, wis wytergöng, si hets eifach im Griff gha. Geng isch e Lismete ume, meischtens für Socke, die Arbeit geit ihre nie uus.

Lisme isch di erschti Etappe, aber de chunnt ds Flicke. Der Sockefrässer het aues ggä, bi de Färsere, vorne, bi de Zääje, überau het er syni Löcher drybbisse oder d Wulle abgripset. Mit ere Strumpfchugle us Houz u ere Wullenadle stücklet si ganzi abgwetzti Färsere yne u flickt Socke mit u ohni Müschterli.

Jupes für sich u d Tochter, Hose für e Suhn u unzähligi Pullovere u Schaggettli entstöh. Fertigs choufe isch tüür u säuber Gmachts spannender, drum nääjt oder lismet si geng öppis. Wehe, we der Grossvatter im Gspass vo Chlütterle oder Schnurpfe redt, de gits bösi Blicke.

Im Büro entdeckt der Walter einisch, dass d Putzfroue es elektrisches Grät bruuche, wo lut suret. Das syg e

Stoubsuger, erkläre die, dä frässi der Stoub u dä landi im Sack, wo am Stil hanget. We dä vou syg, chönn me der Dräck i Ghüderchessu lääre.

Natürlech macht der Grossvatter d Naguprob, fueteret däm Machin Spinnhuppele, Papierfötzle u sogar es chlys Bleistift – aues furt, rübis u stübis. Itz isch di Sach erprobt u entscheidigsryf. Der Walter choufft eso nes Ding, ferggets hei im Tram u überrumplet dermit d Grossmueter. Die trouet der nöie Sach zersch nid rächt, aber när isch si begeischteret.

D Frieda macht se gärn, di Arbeite dinne. Das syg guet eso, de heig si ömu Büez für ds Rägewätter, wo me nid i Bremer oder i d Pflanzig chönn.

My Grossmueter isch auso ‹nume› e Husfrou? Potz nei! Der ganz Tag isch si dranne a ihrem Menage: mit Liebi choche, gnue Vorrät aalege, säuber wösche, flicke, nääje u lisme, suber putze, Sorg ha zu de Sache, da steckt e riisegrossi Arbeit derhinger, e richtige Fulltime-Job!

Krach u Kicker

Bis i vierte Stock ufe vo myne Grosseutere chunnt me rächt i ds Schnuufe. Mit schwäre Kommissionetäsche geits no herter, da chychet me u redt vo obsi schnopse. Natürlech gits ke Lift, aber nidsi geits ringer, u ds grüen gstrichene, mängisch unändlech länge Stägehuus ghört eifach zum Läbe.

Mym Unggle Heiri, em Suhn vo de Grosseutere, geit das z langsam. Mit Jahrgang 1926 isch är chly euter aus ds Huus. Er wachst wi nes Wydli, wo me ihm hätti Dünger i d Schueh gschüttet. Sobau dass syner Bei läng gnue sy, nimmt er bim Ufstyg zwee Tritte uf ds Mau, uf em Zwüschebödeli macht er e chlyne Gump, das vier Mau, u scho isch er vor der grüene Wohnigstüre mit em grübelete Glas.

Abezloufe wi normali Lüt gits für ihn scho ab der dritte Klass nümme. Är hocket schreeg im Damesattu uf ds höuzige, geng suber polierte buechige Stägegländer, beidi Bei gäge linggs use, u rütscht abe. Bim Zwüschebödeli, wo ds Gländer zwöimau churz nachenang e scharfe rächte Rank macht, ligt är liecht gäge rächts yne, damit er d Kurve verwütscht, u scho isch di nächschti Stägeheufti drann, aues im ne toue Zagge. Bis är das Kunschtstück aui vier Stockwärk nachenang beherrscht, zaut är tou Lehrgäud. Entwäder schiesst er bir Kurve graduus, verwütscht se nid u landet hert uf em Hosebode oder de blybt är mit eim Bei am Gländer hange, wes dumm geit, sogar mit em Arm.

Di erschte Mau gits verblätzeti Chnöi, Büle em Chopf, gschundtni Arme u verrisseni Hose, das schetzt d Grossmueter gar nid. Wüu aues, wo verbotte isch, dopplet Fröid macht u der sportlech Ehrgyz bsungers aastachlet, tuet är brav üebe, geng we d Eutere u di grossi Schwoscht nid ume sy.

Uf jede Fau het er nach diverse Pilotefähler dusse, wis sött gah: Grad bevor me scharf rächts ume Egge pfuret, mues me hurti ds lingge Bei usestrecke wäg em Glychgwicht u der rächt Arm näb em Gländer abe hänke, de preicht me der Rank besser, cha notfaus chly brämse u het de d Richtig grad wider, fingt är na mängem schmärzhaftem Versuech use.

Itz geits ersch rächt los! Er rütscht ds Loch ab wi ne göölete Blitz, di nächschti Useforderig isch, mit em Schuelsack am Rügge abezbloche, di übernächschti mit em lääre Miuchchesseli samt Dechu druff, u der höchscht Schwierigkeitgrad isch dä mit em lääre Cholechessu ir lingge Hang, was wunderbar lut schepperet u räblet, wenn er a d Stufe schlat.

Säubverständlech joolet u juchzet der erfougrych Heireli lut vor Fröid, derzue tschäderets u chlepfts, auso e einzige Hochgenuss – für ihn, aber nid für d Frou Graber unger dranne, wo sech über dä Krach u di

Gröölerei ufregt. Es chunnt, wis mues: Ds Schicksau zieht im Vieresibezgi syner Fäde u speter der Heiri a de Haar.

Eines Tages rochlet nämlech di gnärvti Nachbarin i zwöit Stock obsi, schwär belade mit Ychöif, Täsche, Netzli u Chorb, genau im Momänt, wo der Heiri mit Voudampf abezischet. Der Cholechessu, won er brucht für d Balance z haute, tätscht gäge ihres Kommissionenetzli, wo näb em Brot no Eier drinn lige, es chlepft dumpf u klirret merkwürdig.

D Frou Graber reagiert ougeblicklech: Si brüelet lut, laat ds Netzli gheje, wo usanft ar grüene Wang landet, aber der Täter het so viu Schuss, dass er ersch im Parterre cha brämse. Di Gschädigeti byschtet trotz em Schreck wyter ufe zur Grossmueter, streckt ihres tropfende Netzli füre, dütet uf d Wang wyter unger, wo gäubi gschlüderigi Schlirgge abeloufe, u beschwärt sech gruusam über dä Schnuderbueb.

Di ängi Begägnig, gnauer der Chessukontakt mit der Husbewohnere, het zur Foug, dass em Heiri sy Backe Kontakt überchunnt – u zwar mit Grossvatters Rächte, derzue länget d Haarpracht vom Freeser! Kes Znacht, der Bode u d Wang putze u sich ga entschuudige sy herti Sanktione, wo aber wenig bewürke.

Mit däm Gspass ufhöre chunnt em Heiri nid i Sinn. Itz macht ers ersch rächt, eifach unfaufrei. Syni Massnahme heisse: sich besser vorbereite, hert trainiere u nümm lut gröóle. Ds Wichtigschte isch aber: Zersch vor jedem Höllerítt ds ganze Gländer vo aune vier Stockwärk no scherfer vo obe abe inschpiziere, ob ja ke Hand druffe ligi, guet lose u denn ersch starte!

Natürlech gits o im Vieresibezgi Lüt, wo uf de Stockzähn lache, we si däm Rowdy im Schuss begägne. Es paar Bewohner säge nach em mega Eiertätsch schadefröidig, da heigs einisch di Richtigi preicht.

Wyteri Unfäu blybe würklech uus, di seriösere Vorbereitige nütze u me ghört o fasch nüüt meh im Stägehuus, aber d Frou Graber isch geng no suur über dä reschpäktlos Luuscheib. Si chrydet ihms schwär aa, dass er geng bim Abefreese fräch grinset u nume knapp grüesst. Wi hätt är o söue bi däm Caracho?

Hüt würd me vom ne schwäre gägesytige Nachbartrouma rede, di zwöi heis nid liecht mitenang, es mottet geng no u d Situation isch aagspannt. Si chöme sech geng wider i ds Gheeg, nid nume wäg der Stäge, sondern wäg em Sport augemein, genauer gseit, wäg em Schutte.

Hingerusse bim Vieresibezgi hets e wyte Innehof, vier mächtigi Wohnblöck biude es Quadrat. Dert, wägg vo de Strasse, chöi d Ching wunderbar spile. I eim Winku ligt der Bääbi-Egge, näb emne chlyne Houzschöpfli spile Meitli mit ihrne Bääbi u de Wägeli, Namittage lang chöcherle si für ihri Lieblinge u schöppele se. ‹Wyberegge› heisst das Gebiet bi de Giele verächtlech.

Viu attraktiver isch für ds männleche Gschlächt der Winku bir Wöschhänki näb em Vieresibezgi. Dä isch zu Höcherem beruefe. Es handlet sech quasi um ne Sonderzone, um ne Ort, wo aui i Bann zieht: der Schuttplatz. Eifach ds Gröschte für di Knilche, vom chlyne Stünggu bis zum junge Maa sy aui begeischteret vom runde Läder, wo i d Chuchichrüter flügt, uf früsch gsetzi Salatstüdeli u uf Baukön, so dass d Nachbare schimpfe u moffle, aber wäge dene paar Schäde laat sechs niemer la vermiese.

Scho aus Bodesuri stüpft der Heiri wacker mit, stört zwar di Grosse, wo sech ergere über dä ungschickt Aafänger, aber es zieht ne a aune Häärli zum runde Läder. Won er i di sächsti Klass geit, überchunnt er zum Geburtstag e richtigi Schuttbaue vom sym Vatter. Me merkt, dass äuä der Öpfu nid wyt vom Stamm isch gfloge. O der Grossvatter isch scho aus Bueb e begeischterete Schütteler, mit syne Brüetsche hets fei e chly ne Mannschaft ggä im Gurtebüehl obe. Auso, ds Schutte isch quasi i der Wiege gläge. Drum het der Walter bim Junge nüüt dergäge, wenn är geit ga stüpfe.

Der Innehof vom Vieresibezgi isch ideau zum Üebe u es het gnüegend Giele, wo geng pässle uf nes Spili. Na der Schuel u i de Ferie gröölets, üebts u bäuelets i jeder freie Minute. Aues, was di Pursche am Sunntigmorge bim Mätsch vo de Grosse bim FC Länggass mitüberchöme, wird ir nächschte Wuche diskutiert u exerziert: Innerischt, Usserischt, Flanke, Dribble, Chopfbäu, Penalty schiesse, eifach ds ganze Repertoire vom ne richtige Schütteler.

Im Innehof kennzeichnet me d Mannschafte so, dass di einte es nid ganz subers Nastuech mit vierne Chnöpf i de Egge uf em Chopf trage, fertig. Di zwo Stange vor Wöschhänki sy ds einte Goal, drü Ladli uf der änere Syte ds angere. Dummerwys hanget hüüffig no Wösch a de Dräht, wo de im Louf vom Spiu merkwürdig bruuni Fläcke überchunnt.

No dümmer isch, we der Goalie e Penalty nid het, de chuttets di grossi Schybe vor Wöschchuchitüre. Dryssg Rappe choschtet e nöiji, d Määss kenne d Giele usswändig u wi me se ynechittet o, nume bim Zahle harzets meischtens. Obacht gä heissts o uf d Chüngeli uf em Chuchibaukon im erschte Stock. Nach ere abverheite Flanke landet der suber Träffer nid im Goal, sondern am Gitter vom chlyne Stau, so dass di arme Tablarchüeh ufschiesse u erschrocke i ihrem Färich umegumpe.

Es isch wi verhäxet, aber der Frou Graber ihre Chäuer isch diräkt hinger em chlyne Fänschter, auso i der höchsensible Zone. We d Giele dra dänke, lege si es Brättli vor ds Glas zum Schutz. Aber mängisch pressierts haut. We ne Penalty abverheit u nes nume wenig schärbelet, dämmeret de Spiler, dass es zwar nume ds Chäuerfänschter het glitzt, Choschtepunkt zwänzg

Rappe, aber leider das vo der Frou Graber. Richtig, chuum tschäderets, erschynt si uf em Chuchibaukönli im zwöite Stock mit em Chopftuech, wo si nar damalige Mode vorne ob der Stirne zämechnüpft, mit em Lätsch obedruffe. Mit em Teppichchlopfer i der Hang, wo geng dusse hanget, fuchtlet si heftig desume: «Heiri, i ha di scho gseh! Ds Stägegländer ab wi der Tüüfu u itz scho wider öppis Blöds, du Schnuderi.»

Natürlech het my Unggle geng müesse tschuud sy, är isch drum der Einzig, wo si ohni Brüue erchennt. Di erbosti Mietere mues sech toujours schuderhaft ymische, wen eine dunger im Hof Salatstüdeli umnietet, es Velo ummääjt oder d Chüngle macht z hopse – o we se das nüüt aageit. Di Flegle sy eifach es ständigs Ergernis.

Wider einisch isch es so wyt, der Heiri preicht ihres Chäuerfänschter u der Grossvatter gryft schon nam Gäudsecku, wos lütet. Aber di paar Schirbi entwickle sech zum ne währschafte Konflikt, bärndütsch: emne Krach. Na däm subere Vouträffer isch si erbost, wüu offebar es paar Schärbe vom Chäuerfänschter bis zu ihrne Gomfitüregleser hingere spicke.

Der Heiri schlüüft i sicheri Deckig hinger sy Vatter vor däm Frontauagriff us aune Rohr. Är zahli die Schybe, seit der Grossvatter, der Jung müess cho ufruume, das syg klar. Itze chunnt der Satz, wo sech ybrönnt i d Familiegschicht u Kultstatus überchunnt:

«Schutte tuet de Giele guet, de mache si nüüt Dümmers.» Gits öppis Schöners vom ne Vatter, wo mues e Schybe bläche u ne Furie bändige?

Wüu der Heiri no mehreri Schybe verblitzget, hänsle d Kollege der Grossvatter u säge: «Dys Sühnli überchunnt offebar nid gnue z ässe bi öich u frisst der Chitt vo de Fänschter, drum lö d Schybe geng gah.» Dä Spruch nimmt der Walter mit Humor.

Es höchgsteckts Ziu vo dene Sürmle im Hof heisst, bim FC Länggass dörfe z spile: im ne richtige Klub mit richtige Schuttschueh u länge Bändle zum Binde, mit emne richtige Tenue, schwarze Hose u rote Lybli. Natürlech het dä Troum o my Unggle, wo trotz Armbrüch, verstuuchte Füess, wytere Schärbe u verrissene Hose munter wyterkicket. Aus Oberschüeler chunnt är bim FC Länggass i d Resärve. Sy Vatter steut der Chamme u geit em Sunntigmorge ga d Mätsche vom Junior luege, geng mit ere Brissago im rächte Muulegge.

Trainiere tuet der FC Länggass im Hochfäud obe uf ere Matte mit zwöi Goal, zersch nume drei Stange us Houz, speter mit Netzli dranne. Zu der Zyt gits dert obe no ke Lindehof, kes Tierspitau u o ke Neufäud-Gymer, der Schuttplatz ligt am Rand vom ene riisige Fäud mit unzählige Schrebergärte.

D Grossmueter hiuft bir Usrüschtig vom Suhn o mit, lismet schwarz-roti Socke u nääjt schwarzi Gschlüderhose bis zu de Chnöi. A de Füess trage d Spiler normali Läderschueh, so kickt me denn. Wo der erscht vo dä Schwarz-Rote nam Chrieg mit richrige Schuttschueh us Läder u Stole drann aarückt, bestuunet me dä Pionier wi nes Wäutwunder.

Säubverständlech hei d Länggässler nach no Höcherem gsträbt: YB, das isch de ersch rächt Musig!

Em Sunntignamittag, o wes Chatze haglet u Hüng schneit, waufahrte der Grossvatter u der Suhn mit Hüüffe Länggässler per Tram oder Velo i ds Wankdorf use. We di Gäub-Schwarze schlächt spile, verteidige se d Länggässler u bhoupte hoffnigsfroh: «YB chunnt de scho», o das e wichtige Familiespruch.

Im Wankdorf usse mit em viereggige Uhrturm herrscht währet dä Mätsche e bsungeri Atmosphäre. D Ching chöi diräkt a der wyss puderete Sytelinie sitze, sy quasi e Teil vom Gscheh, dörfe aber ihri Zabli bei nid uf ds Spilfäld füre strecke u müesse ruehig blybe. Aber es isch so ne grossi Ehr mit z dörfe, so dass si aadächtig höckle. Di Erwachsene trage e Chittu, hei e Huet uf em Chopf, e Stumpe im Gsicht u ne Bierfläsche mit Bajonettverschluss ir Hang. Es git Kommentare, Glächter, Chlatsche, Göisse, Aafüüre u geng wider «Hopp YB!». Es isch e fridlechi Stimmig, gmüetlechi Sunntige sy das, keni Schlegereie mit Hooligans u gwautbereite Fans.

Natürlech sy der Grossvatter u sy Suhn derby, wo Dütschland im Vierefüfzgi Wäutmeischter wird. Geng wider verzeue si vo däm Spiu gäge Ungarn, em Wunder vo Bärn, vom Trainer Seppe Herberger u de zwöi Goal vom Helmut Rahn. D Schwobe hätte gschyder gschuttet statt gchrieget, meint der Grossvatter, der Wäut wäri viu erspart bblibe. Mir hei gspürt, dass är ne dä Sieg nid ma gönne.

D Grossmueter mas nümme ghöre, we wider eine vo däm sagehafte Mätsch brichtet, aber der Schuttivirus isch haut i ihrne Manne inne u blybts es Läbe lang.

‹Stade de Suisse› heisst ds Wankdorf itze ganz fürnähm. Statt e Rase u Gras drum u ne Tribüni us Houz gits itze es Stadion mit Mantunutzig, auso mit Hüüffe Läde. D Schütteler wärde für Millione transferiert, d Bsuecher mit Schirm erlist me wi Verbrächer nach Waffe, d Spiler sy yghaaget wi Hüng im Zwinger u von ere Bierfläsche us Glas mit sprützigem Felsenau drinn cha me aus Zueschouer nume troume.

Radio u Rückzug

Bim Faukeplatz vore, uf der Grosse Schanze u bim Bundeshuus wachse im Zwöite Wäutchrieg dank em ‹Plan Wahlen› nümm Blueme. D Gärte u d Pärk verwandle sech wäg der sogenannte Aabouschlacht i Härdöpfuächerli u Gmüesbeet. Aber das längt nid für d Schwyz dürezbringe, es bruucht dringend wichtigi Güeter us em Ussland, wi Chole, Fett, Weize, Zucker, Bänzin u Ärdöu. Für koschtbari Energie z spare, fahre di wenige no erloubte Outo mit Houzcholevergaser u d Ysebahne nume no na mene usdünnte Chriegsfahrplan.

Je nach politischer Grosswätterlag mues me d Usslandverbindige geng aapasse, sächs Jahr lang. My Grossvatter geit nid i ds Militär, är wird bi der BLS bruucht für loufend nöiji Fahrplän usztüftele. Das isch schwirig, mängisch hocket är mit syne Kollege im Büro bis i d Nacht yne oder geit am Morge scho i auer Herrgottsfrüechi ga wärche.

Ds Problem vo der BLS isch wi überau: Sit der Mobilmachig fähle d Manne. Si stöh aus Soldate a der Gränze, warte i re Feschtig u fähle deheim, uf em Hof, im Büro, eifach überau. Drum gits plötzlech Froue aus Kundikteuse im Tram, i de Oberschuele häufe Lehrerinne, uf der Poscht hets wyblechs Pärsonau. Churz gseit, der Chrieg wird o im Autag sichtbar.

Aui gspüre di verändereti Laag, bsungers d Husfroue. My Grossmueter bruucht ihres ganze Gschick für d Familie über d Rundi z bringe. Da isch näbscht der fasch erwachsene Tochter e Suhn, läng, dünn u nie gsättiget, e sogenannte Hungerturm.

D Houptläbesmittu sy sträng rationiert, ohni Charte u Coupons gits nüüt im Konsum, bim Metzger oder Beck. Dä darf nume zwöitägigs Brot verchoufe, wo me hert mues chöie, früsches würd viu z schnäu i de Büüch verschwinde. Mit Glück darf me Ähri läse na der Houptärnt bim Puur. E ganze Tag bücke u di trochne Haume ysammle ergit öppe es haubs oder ganzes Pfung Mäu, auso eis einzigs Brot.

Scho vor em Chrieg hei d Grosseutere bir Tramändstation Länggass ob der Schloufe e Pflanzblätz u währet der Rationierig sy Hüüffe Lüt us em Quartier froh um so ne Bitz Land. Dert wachse Rhebarbere, Chabis, Chöli, Bohne, Chrutstile, Rüebli, Spinet, Mangoud u natürlech Härdöpfu, aber es isch viu Arbeit dranne. Bschütte, schwäri Blächchanne vom Brunne bim Blätz häreschleipfe, häckerle u de fräche Schnägge mit Sagmäu wehre, der Salat nie la ufstängle. D Grossmueter seit mängisch, we si no ne Chueh hätt, wär si e haubi Püüri.

Si zieht im Früehlig Setzlige uf em Baukon vom Vieresibezgi, geit jede Tag uf d Pflanzig ga luege u chrättele, u di ganzi Familie eschtimiert d Ertträg. Räschte gits nie! Was entstöh nid aus für Köschtlechkeite us Härdöpfu, d Frieda isch eini vo dene gschickte Husfroue, wo us gwöhnleche bruune Chnoue Röschti, Brat- u Sossehärdöpfu, Stock, Tätschli, Uflöif u Härdöpfusalat zoubere.

Richtigi Chüeh göh nid i re Stadtwohnig, aber Huuffe Lüt hei Tablarchüeh uf em chlyne Chuchibaukon, myner Grosseutere hei schwarz-wyssi Schwyzertschägge. Der Stau mit em Gittergflächt nagle Vatter u Suhn zäme. Der Schüeler u sy euteri Schwöschter müesse jede Tag früschs Gras heibringe für z fuetere. Chüngelibrate mit Härdöpfustock isch es rars Herrenässe, für d Ching meischtens es truurigs. Vo Vegetarier het denn niemer gredt, es isch es Fescht, we me e Bitz Fleisch zwüsche d Zähn überchunnt.

Im Chrieg schetzts d Frieda, dass si Verwandti z Illiswil het, wo puure. Es isch wi Wiehnachte, we me yglade isch zu re brave Härdöpfusuppe mit Würschtli drinn u när Öpfu- oder Zwätschgechueche mit richtiger Nidle. Natürlech piugeret me z Fuess dert häre, angerhaub Stung ei Wäg oder mit em Velo nume e haubi. Poschtouto gits no kes gäg dert use u di wenige Outo, wo mit Houzcholevergaser no umestinke, ghöre em Dokter, em Veterinär oder der Armee.

Dass my Grossmueter e Sammlere isch, chunnt der ganze Familie z guet. Im Früehlig geits langsam los u ir Houptsaison bricht ihri latänti Sammuwuet akut uus, es metaphysisches Glitzere schynt de us ihrne

Ouge. Aui vor Familie müesse bim Sammle häufe: Der Heiri zieht e Lätsch, di grossi Schwöschter mofflet lyslig, der Grossvatter bhouptet feusefescht, är gseij di Schwümm nid, aber d Grossmueter stabet dervo, bis ihri Chörbli u Chesseli gfüut sy. Im Winter fröie di feine Sache o die, wo ne Mouggere hei gmacht im Waud. O nam Chrieg packt d Frieda im Summer der Sammutrieb, itz geit si elei, u das gfaut ihre no fasch besser, we niemer chlönet u pyschtet.

Im Eschtrig obe u ir Mansarde vom Vieresibezgi, schön am Trochene, gits o Brönnhouz, trochni Pänggle, Tannzäpfe u Piuze us em Bremer. Öppis ganz Bsungers hets dert obe, e Koschtbarkeit, guet gsicheret mit ere Tür u emne Schlüssu. Dert stöh näb em Houz u de Tannzäpfe es paar grossi Zuckerstöck, je öppe e haube Meter höch, e sichtbari süessi Läbesversicherig. Ygschlage i rot-schwarzes Papier, mit emene trädelete Bändeli drum, warte die Stöck wi Majeschtäte, bis d Grossmueter mit em Bieli aarückt. Si packt e Stock uus, ds Papier chräschlet verheissigsvou, leit ne uf nes grosses Chuechebläch u schlat sorgfäutig eis oder zwöi Stück ab. Wider ypacke, ds Bläch süüferli abe trage, jedes Brösmeli Zucker bruucht si i der Chuchi, auso ke Food-Waste.

Husfrou sy bedütet im Chrieg, geng uf em Qui-vive z läbe: zur richtige Zyt pflanze, uf em chlyne Blätz hinger ir Länggass tou z ärnte, wüu me fasch nüüt cha choufe. Geng luege, was öppe ume isch, us wenig viu mache, Maisbrei schetze u nid vo Hüehnerbeton rede, über Chürbis nid d Nase rümpfe, di wenige Eier zämespare für ne Omelette, churz, d Husfroue sy ächti Food-Managerinne. My Grossmueter chönn us nüüt öppis Feins brösele, fingt der Grossvatter, u si fröit sech jedes Mau über das Komplimänt.

Äs schmürzeli z Dütschland, da chömm no öppis Unguets, gspürt der Grossvatter i de Dryssgerjahr. Wo z Berlin d Olympiade isch, chouft är sy erschte Radio, är wöu wüsse, was dert obe göng. Är schleipft e höche Houzchaschte mit emne ybboute Lutsprächer hinger bruunem Stoff hei. Zwee Chnöpf zum Drääje gits, eine zum Aala u eine für d Sänder z wähle, ussert ‹Radio Beromünschter› gits nid viu, nume abgrisseni Tön u nes uheimeligs Chratze u Pfyfe. Hüüffig isch der ‹Dütsch Volkssänder› z ghöre. Niemer lost däm Gebrüll us em Norde gärn zue, da wird tobet u gschroue vom Gröfaz u sym Propagandaminischter, ufgstachlet u ghetzt, derzwüsche flotti Marschmusig, e tüflischi Mischig ruuschet dür e Äther. Em Walter passe di forsche Tön us em Norde nid, dert chönn kene normau rede, der Hitler päägi geng, u hüüffig drääjt der Radiobsitzer der Chnopf mitts im ne Satz ab u seit: «Gib ändlech Rueh.»

My Grossvatter treit e dunkle Schnouz, aber e grossi Schnouze wi dä im Rych obe heig er de no lang nid. Sy Schnouz heig är scho gha, wo der anger us Braunau no ne truurige Land- u Gartehagstrycher sygi gsy, betont er scharf, drum blybi dä «Oberlippenbart» stah, spöttlet är. Der Walter isch zwar e Gmögige u macht geng es Gspässli, aber wenn är vom Tuusigjährige Rych redt, isch er näbscht sarkastisch o todärnscht u bitter.

D Bedrohig chunnt o ir Länggass rasch neecher. Di Dütsche rede vom Schandfride vo Versailles, vom knappe Läbesruum, Biuder vo de Rychsparteitage z Nürnbärg zeige riisigi uniformierti Mönschemasse, es schmöckt bös na Chrieg. Wo d Tschechoslowakei unger di dütsche Reder chunnt, chouft der Walter zwo Europa- u zwo Wäutcharte bim ‹Kümmerly & Frey› vore; je eini für d Wohnstube vom Vieresibezgi u für ds Büro, genau über Grossvatters Schrybtisch a der Wang.

Dass Pole söu di Dütsche überfaue ha u d Germane sogenannt zrüggschiessi, stinki zum Himu, das gloub, wär wöu, seit der Walter. Grimmig wuchtet är vo denn aa jede Tag roti Güfeli yne, we d Achsemächt wider es nöis Opfer ufspiesse u usplündere. Äs gseht rot us uf dene Charte, bluetrot.

Fertig mit Umefotzle wi vor em Chrieg, fertig mit Umerössle u Paris, Berlin oder Budapest ga luege. Da hocke, sech verschanze u warte het o für d Länggässler goute. Plötzlech ghört ds Änd vor Simplonstrecki z Domodossola zur Achse Berlin–Rom, der Chrieg steit diräkt vor der Tür.

Sit em Überfau uf Pole gits im Vieresibezgi es autäglech Rituau bis zum Chriegsänd. Der Grossvatter steit scho vor de sächse uuf, drääjt der Radio i der Chuchi am grosse Chnopf aa, tuet aui Fänschter sperranguwyt uuf, Summer u Winter, o die gäge Hof use, damit jede cha zuelose, wo ke Radio het. Drufabe geit är i ds Bad, schlaat Rasierschuum, faat aa barte, u de sy d Röhre warm gnue. Es chräschlet u pfyft no ne Momänt i der Chischte, der Walter rasiert wyter. Itz ischs totestiu.

«Die Deutsche Wehrmacht hat erfolgreich ...» Em Grossvatter sys Härz nimmt jedes Mau e fürchterleche Gump, we me vernimmt, was di Dütsche wider überfaue u gfrässe hei. Neutrali Länder wi Belgie u Holland eifach überrennt, ds schöne Paris, wo der Walter scho es paar Mau bsuecht het, eifach i de Häng vo dene ... Schwobe! Wuet, Truur, Mitleid für d Opfer, Angscht, aues fliesst dür myni Grosseutere düre, wo fassigslos mitüberchöme, was das zackige Verbrächerregime wider aasteut. Der Walter hout sech es paar Mau zümftig i ds Gsicht vor Schreck bim Rasiere.

I der Nacht mues me verdunkle wäge de Bomberflugzüüg, dass die keni Ziu gseije. D Vorschrift lutet schwarzi Vorhäng vor d Fänschter hänke u d Läde u Store zuezieh, äs wird sträng kontrolliert u büesst. Rabeschwarz ligt d Länggass wi ne Bärgschlucht im Mondschyn, me ghört öppe Schritte, mängisch schlycht es Velo düre mit ere abddunklete blöileche Karbidlampe, wo schuurig stinkt. Die Schwerzi bedrückt aui, me isch froh, wes ändlech taget.

D Beschallig mit em Radio zieht der Grossvatter sächs Jahr lang düre, o angeri im Hof mache mit. Nach de Nachrichte brichte d Lüt im Stägehuus ufgregt u frage vou Angscht, ob d Schwyz äch aus Nächschti unger di dütsche Reder chömm, kes Chrut schynt gäge das Dritte Rych gwachse. Uf de Charte hets nüüt aus roti Güfeli, eifach troschtlos!

Währet der Rasierzeremonie dänkt der Grossvatter jede Tag a sy Schwager Fritz, Grossmueters Brueder, u sy dütschi Frou Hanna z Berlin, wo Pächter sy vo mene grosse Restaurant. Us dere Queue überchöme d Länggässler scho vor em Chrieg mängs mit, zum Byspiu, dass d Jude nümm dörfe Aawäut oder Ärzt sy, Tram fahre u uf öffentleche Bänkli hocke. Aber je lenger je weniger Briefe chöme vo Berlin, natürlech geng zensiert vor dütsche Poscht, ganzi Zyle mit schwarzer Farb dürgstriche. Gäge ds Änd vom Chrieg gits ke Poscht meh, u me macht sech Sorge im Vieresibezgi.

Aus gnaue Beobachter schmöckt der Grossvatter churz na Stalingrad der Brate u merkt, dass das Abetüür im Oschte gründlech abverheit isch. Vo «Frontbegradigungen u elastischem Rückzug der Wehrmacht» isch plötzlech d Red. Sägi me däm eso, we me am Verlüüre isch u zümftig uf ds Dach überchunnt – elastischer

Rückzug, fragt är u steckt erliechteret uf syre Charte blaui Güfeli y für d Russe u di Alliierte, wo langsam zrüggerobere. Di wichtigschti Radiosändig, d ‹Wäutchronik› vom Rudolf vo Salis, rückt de das schiefe dütsche Biud vom Ändsieg wider i ds Lot, o die ydrückleche Brichte ghört me au Wuche im ganze Hof.

Der Grossvatter fröit sech zwar über e ‹Näbuspauter›, wo trotz der Zensur geng wider bösi Karikature wagt. Di beschte heftet är mit Rysnegeli a d Türe vom Chuchischaft. Er verzeut no lang nach em Chrieg, wi är aube heig zitteret vor dä Morgenachrichte, wi är fasch nid heig dörfe härelose, wi d Grossmueter hüüffig plääret heig, we di dütsche Panzer u Flüger wider heige Tod u Leid bbracht, u wi si ohnmächtig am Zmorgetisch ds zwöitägige Brot abeworgge, aber froh sy, dass si überhoupt no Brot hei. Die Angscht, wo im Hof unger isch z gspüre, die vergäss är nie meh. O im Büro ar Gänfergass redt me jede Morge usfüehrlech über di nöischte Ereignis, niemer heig sy Schrecke vor de dütsche Panzer versteckt.

Wo de der Fritz u d Hanna us Berlin im Summer na der dütsche Kapitulation usbbrönnt vor der Türe im Vieresibezgi stöh, überchöme myner Grosseutere Ougezügebrichte gliferet, wo aui ihri Fantasie überträffe: grouehafti Verbräche, Massemorde a de Jude, verheizti Chindersoldate, toti Zivilischte u di schöni Stadt Berlin e riisigi Trümmerlandschaft.

D Hanna u der Fritz hei aues verlore, ke Exischtänz meh mit baud sächzgi, ds Deheime verbombet, Huuffe Fründe tod, Berlin u viu z Europa totau zerstört, ds eigete Läbe mit Glück grettet, aber e ungwüssi schitteri Zuekunft vor sech. Ds glyche Schicksau preicht Millione vo Mönsche, so viu zum Tuusigjährige Rych.

Natürlech wohne di zwöi us Dütschland es Zytli im Vieresibezgi bi de Grosseutere, bis der Fritz aus Chäuner e Steu findt u sy Frou eini bir ‹Chocolat Tobler›.

Unmittubar nam Chrieg schickt d BLS my Grossvatter u syner Bürokollege vo der Planig a Hüüffe internationali Ysebahnerkonferänze, uf Budapest, Paris, Wien u Mailand. Der Simplon isch nid beschädiget, drum wird är wichtig i däm verhudlete Europa, wo di meischte Schinewäge kabutt sy. Bi de Konferänze geits drum, wider regumässigi Zugsverbindige z organisiere.

Vo dene Konferänze chunnt my Grossvatter geng hei wi ne gschlagne Hung. Bis a sys Läbesänd verzeut är vo Mönsche, wo nam Chrieg zmitts z Europa hungere u bättle. Di schöne Stedt u d Ysebahne, won är vor em Chrieg het gseh mit ihrne schnäue Züg, komplett zerstört, nume graui Trümmer. Flüchtlinge us aune Länder, wo verzwyflet warte bi de Bahnhöf, wo keni meh sy, ke funktionierende Verchehr, nume es totaus Chaos. Ysebahnwäge, wo verschwunde oder bombardiert sy, Lokomotive, wo me gstohle het, eleganti

Brügge, wo nume no es paar Pfyler stöh, Ruinebahnhöf, sys Ysebahnerhärz blüetet.

Da het my luschtige, aapackige Grossvatter, wo nid so schnäu ufgit, mängisch ds luter Wasser briegget am Chuchitisch im vierte Stock obe, wüu sech das im Büro doch nid hätt gschickt.

Pladi u Predigt

Der Suhn vo myne Grosseutere isch früeh infiziert worde mit em Velovirus. Jedes Mau, we der Heiri i ds Vieresibezgi chunnt oder geit, mues är näb der Velohandlig ‹Bizzozero› düre, überchunnt Terpentin u Veloöu i d Nase u luegt i d Wärchstatt yne. Manne i blaue Überchleider sy am Flicke, Zwägrichte, Grede, churz em Schinagle u bringe di Chläpf uf Vordermaa.

Äs Velo isch denn no öppis gsy, es richtigs Statussymbol. Drahtesle sy i de Dryssgerjahr u währet em Chrieg viu wichtiger aus hüt Outo. Im Schoufänschter vom Bizz hange geng di nöischte Modäu u mänge Länggässler stieret mit gluschtige Ouge yne u bewunderet di nöie Gfährt.

Der Grossvatter stüüret by a ds Velo vo der Tochter Dora, wo ir Lehr aus Schnydere ihrer Batze müehsam mues zämechratze für nes sogenannts Unfaugländer. Es müess öppis Rächts häre, het me gfunge, drum hets e schwäre, robuschte Ängländer ggä. Dä het d Chötti im gschlossne Chaschte, auso geng schön im Öu wi ne Sardine, e richtigi Maschine, voore zwo Brämse mit Chlötz, drei Übersetzige u hinger der Rücktritt.

Solid, nid z töde, dä Göppu. Uf em Gepäcktreger chönnt me es Muneli druff ume fergge, am Gider hets e grossi Lampe mit Glasdechu u zwöine Birrli u der

Sattu het natürlech inne Stahlfädere, isch zümftig pouschteret mit ächtem Rosshaar u überzoge mit guetem, wätterfeschtem Läder. Auso öppis Rächts für d Ewigkeit u di ganzi Pracht im ne satte Dunkugrüen mit zarte Guldfilets.

Ehrfürchtig stuunet di ganzi Familie, wo ihri Tochter ds erschte Mau losbruuset.

Das Wunderding vo syr grosse Schwoscht git em Heiri z dänke: Chönne Velo fahre isch quasi der Ytritt i di wichtigi Wäut vo de richtige Giele. Er wirft geng scheeli Blicke uf di grüeni Maschine. Das merkt di stouzi Bsitzere u wüu si ihre chly Brüetsch kennt, bschliesst di Täsche ds Velo geng mit em solide Schloss am Rahme.

Wi söu me itze lehre Velo fahre? Chindervelo gits denn nid, es Damevelo, wo ke blödi Stange het wi nes Herremodäu, wär scho gäbiger. Aber äbe, das isch zuegsperrt für e Heiri. Was söu me aagattige unger dene ungfröite Umständ?
Der Grossvatter u d Grossmueter hei säuber kes Velo, wo der Suhn chönnti üebe. Aus ygfleischti Bähnler hocke di beide numme ir gröschte Not uf so nes Waupeligsteu. Drum macht der Heiri der erscht Versuech mit emne Herrevelo uf em Göppu vom Coiffeur ir Muesmatt. Das Velo steit nie bschlosse vor em Lade. Aber ds Experimänt missratet, wüu der Veloentlehner eis vo syne churze Scheichli mues unger der Stange düre

schoppe un es schwirig isch, ds Glychgwicht z bhaute. Es waggelet u schouklet u ändet ersch, wo är am Bode ligt u ojelet. Der Bsitzer verrätschet ne bim Vatter, fertig velöle, u Heiris Grännihaar wird es paar Millimeter lenger.

Aber nüüt vo Ufgä! Wes rägnet, louft d Schwoscht z Fuess i ds Monbijou abe, wüu se ds Velo röit. Bi gruusigem Wätter steit auso das Schmuckstück nutzlos hinger im Hof am Schärme, e bösi Provokation für dä Schnuderi. Itz ersch rächt düresticre, dass me wott Velo fahre. Haut mit emne Damevelo, das isch zwar bi richtige Giele verpönt, aber immerhin. Auso pröblet der Heiri mit Drähtli u Sackmässer, es paar Kollege häufe, u na paarne geduudige Versüech u schwarze Töpe bringt er der Ängläder uuf. Zersch üebt är nume ar Zähringerstrass, wos flach isch, när geng aaspruchvouer o am Ralligstützli.

Wos einigermasse louft, wird ds Gseuestück fällig. Di Grosse maches mängisch vor u aui angere luege mit lüüchtige Ouge zue. D Ufgab heisst, vor haube Höchi vor Hochfäudstrass abezfreese u de scharf linggs abzbiege i d Länggassstrass, wos äbe Tramschine het, wo me nid sött küsse. Auso me sött besser nid dryfahre, so vo wäge Stürz, Achter im Redli u wytere schmärzhafte Konsequänze.

Es stöh geng zwee Schmier am Egge vom Vieresibezgi bir Ymündig i d Länggassstrass, wäg em Tram, angerne Velo, Fuessgänger u wytere Unwägbarkeite.

Der Heiri schafft di Prüefig uf Aahieb, verzeut aber deheim nüüt dervo.

Wo di grossi Schwoscht stur bhouptet, ihres Velo trooli nümm so ring u der Gider syg schreeg, überchunnt är e rote Chopf. Nach länge Rägetage isch plötzlech wi dür nes Wunder aues wider im Hick mit em Velo.

Itz isch ds Meischterstück aagstange, wo mänge nid besteit im erschte Aalouf. Auso, der Start isch zoberscht ar Hochfäudstrass, denn no nid teeret, zersch e chlyne Slalom zwüsche lääre Konsärvebüchse düre, när tschaupe, was me usebringt, sofort büüchlige uf e Sattu lige, ds Loch ab chutte, linggs i d Länggassstrass yne biege u de la usröuele Richtig ‹Schoggi Tobler› u luege, wi wyt me chunnt, scharf beobachtet vo dene, wo Schmier stöh.

Nach diverse Aalöif, verblätzete Chnöi, emne Loch im Chopf, verhützte Hose u angerne Chlyschäde besteit är o das. Blöd nume, we aube d Schwoscht ds Velo bruucht, de isch nüüt mit Üebe. Aber wüu üse Held wachst, hei de Herrevelo häre müesse, mängisch o nid ganz legali, für die Kunscht z trainiere.

Der ganz gross Clou aber, nume no für ganz Ygweihti, quasi ds Super-Meischterstück, chunnt no: Vor em ‹Beaulieu› starte, heftig pedale gäge Schanzestutz zue, bim Frouespitau büüchlige uf e Sattu lige, d Bei hingeruse strecke, so im Schwaubeli näb em Obergricht düre, im Caracho nidsi bloche, unger d Pedau wider fasse, mit em Rücktritt es Hüüchli brämse, scharf linggs ha, vor em Tschuggerhüsli verbyzische, wo mängisch eine im ne wysse Heum d Tram u d Outo näbenang dürewinkt, gruesslos näb em Adrian vo Buebebärg dürebloche, richtig Loebegge wyter u we me aues richtig macht, längt der Güsu bis öppe vor ds Gittertor vom Burgerspitau.

Di ganzi Sach erforderet e rächti Logistik: Da bruuchts erschtens touküehni, me cha o säge bireweichi Fahrer mit Muet; zwöitens gnue Häufer, wo Schmier stöh u blitzschnäu d Arme wi ne Voguschüchi usbreite, wes heiku wird; drittens e Tageszyt, wo fasch niemer ungerwägs isch; viertens es Velo, wo das ma verlyde; füftens e trochni Strass u sächstens sövu Gfeu, dass eim ke Polizischt verwütscht u das aues näb de Tramschine düre.

We aui Vorussetzige stimme, cha me dä Höllerritt riskiere, meischtens am Aabe unger em Schyn vo schittere Strassepfunzle, wo nume schäbigs Liecht gäbe. Ds Prestige nam glückte Aabetüür isch enorm, wärs mehrmaus schaffet, chunnt i Olymp vo de Sportgrössine wi ne guete YB-Goalie oder der Hugo Koblet.

Auso, mit Velo kennt me sech im Vieresibezgi u im Innehof uus, der Heiri het nämlech ir füfte Klass e begährte Wucheplatz bim ‹Bizzozero› übercho u isch selig. Zersch d Wärchstatt wüsche, Öu nachefüue,

Wärchzüüg putze, aber de het är o a d Seck dörfe. Pladine eruiere, Schlüüch ynewurgge, Mäntu flicke, Birrli ersetze, Übersetzigskabu nachezieh – er wird fasch e gstudierte Velomech, wo Huuffe trischaaggeti Göpple zämeflickt.

Mit em Löhnli gits de en Occasion, won är zwägchlepft mit aune Schiggane u emne lute Outohupi dranne, e grosse ballonförmige Luftbehäuter us schwarzem Gumi. Mit dere Tröte erchlüpft er aues, wo ungerwägs isch, bsungers gärn, nid schwär z errate, di liebi Frou Graber.

D Begeischterig für aui Gfährt mit zwöine Redli sorget de eines Tages für ne schwäri interni Verstimmig im Vieresibezgi, involviert derby sy d Poulus-Chiuche, es Velo, es paar Lusgiele, e Verträtter vor höche Geischtlechkeit, es paar Vättere; u der ‹Apoll›, der ‹Schwyzerbund› u ds ‹Beaulieu›.

Aber schön der Reihe na: Di reformierte Schüeler sy i de Dryssgerjahr ir Mittuschuel i d Chinderlehr u ir Oberschuel i d Ungerwysig. Für d Länggässler heisst das, ir Poulus-Chiuche unger em grüene Chiucheturm aarücke. D Meitli hocke uf der lingge Syte im Schiff, d Giele rächts.

Zersch singt me e Psalm, öppe ‹Du meine Seele, singe›, eifach eine, wo em Pfarrer gfaut. Dä singt säuber sehr gärn, sehr lut u sehr fautsch, er git ömu aues. När prüeft är Bibukund, gnauer gseit, me mues d Antwort usspucke uf bestimmti Reizwörter. Uf ‹Hosea› mues es ‹Joel u Amos› sy, auso wyteri Profeete. Meischtens isch vor Meitlisyte meh z ghöre, aber we ds Wort ‹Kain› chunnt, donnerets ‹Abel› zrügg, dass d Chiuchefänschter chlefele.

Mängisch quäut me sech dür e ‹Heidelbärger Katechismus›, natürlech in- u usswändig, fliessend, chaut u warm. Wi viu di Ungerwysiger vom Inhaut mit überchöme, isch nid klar, d Houptsach, es tönt lut dür d Chiuche. We der Herr Pfarrer ganz e guete Luun het u d Antworte wi us der Kanone schiesse, gits no sys Lieblingslied us der Studänteverbindig: ‹Am Wellenspiel der Aare›.

Ir nüünte Klass, es Jahr vor der Konfirmation, wärde d Gschlächter trennt, wi schad, dass keni Meitli meh derby sy. Usswändig lehre, stiu hocke u unverständlechi Erklärige zur Bibu. Di Zäh Gebot chöme derhär wi Drohige, wi nes Dienschtreglemänt für d Chiuche. Eigetlech isch d Ungerwysig so öppis wi ne Disziplinierig vo dene junge Lüt, wo nid rächt mit überchöme, um was es gieng. Ruehig hocke, längwyle, ungefähr aues, was de Giele ir Oberschuel nid ligt, e wahri Tortur – für beidi Syte!

Der Herr Pfarrer Pfischter, wo der chiuchlech Unterricht erteilt, isch e würdigi Gstaut, e richtige Pfarrherr mit emene sehr gepflegte Bärndütsch u usgwählt schöne Formulierunge. Er redt vo arge Versuechunge, vom göttleche Liecht, aber was das gnau söu sy, blybt im Dunkle. ‹Freund Heinrich›, heisst der Heiri plötzlech u der Köbu wird fyrlech zum ‹Freund Jakob›. Auso, steu me sech dä Gägesatz vor: Hie dä soigniert euter Pfarrherr u da es Fueder unbbändigeti pubertierendi Energie.

Natürlech het der Geischtlech e Übername, statt Pfarrer Pfischter säge aui ‹Pfirrli-Pfaschter›, das wär no ggange. Aber di übersüünige Kärline störe der Ungerricht heftig, cherbe mit em Sackmässer blödi Sprüch u Zeichnige i d Chiuchebänk, d Bygi mit de Gsangbüechli geit nam ne zünfzige Mupf z Bode, dass es tätscht, Papierflüger zische ume. E kontemplativi Stilli gits auso ir Chiuche nume, we die Bande wider dusse isch. Tüechtig isch, wär scho na re Viertustung usegheit wird, teu schlyche vo säuber ab. Zrügg blybe nume di Brave oder die, wo diräkt vor em Ungerwysiger hocke. D Bankreihe lichte sech rasch, Zueständ wi im aute Rom, we nüüt louft ir Arena.

Erliechteret bättet am Schluss di zämegschrumpfeti Gseuschaft no ds Vaterunser, ändlech sy di zwo Stung düre.

Itz chunnt ds Velo i ds Spiu, genauer, ds pfarrherrleche Fahrrad, wis der Bsitzer gedige tituliert. Eigetlech es gwöhnlechs, aber guets Velo. Es isch e haubi Feschtig, o ne Ängländer, aber mit ere Schiggane, wüu di linggi hingeri Nabe verbreiteret isch, si steit öppe schuehbreit füre, offebar e Speziauaafertigung für e Herr Pfischter.

Stuunend beobachte d Giele di fyrlechi Zeremonie, we der Herr Pfarrer sy Huet uf ds ergraute Houpt leit, d Mappe uf em Gepäcktreger ychlemmt, d Fädere laat la schletze, d Velochlammere a de Hosegschlötter montiert, näbe ds Velo steit, mit em lingge Fuess uf di Nabe stygt, ds rächte Hosebei schwungvou über e Sattu schlaat, absitzt u mit däm rassige Ufstyg gnue Schuss überchunnt für d Pedau z fasse. Itz zitteret der Pfirrli-Pfaschter los u gondelet schwungvou gäge Büehlplatz füre.

Dä pfarrherrlech Ufstyg macht em meischte Ydruck vo der ganze chiuchleche Usbiudig u weckt Nachahmerglüscht. Wüu niemer süsch e verbreitereti Hingernabe het, sorge di Lusgiele derfür, schnäu usezuflüge us em hehre Unterricht u dusse ga der Pfirrli-Ufstyg z üebe. Dä wär nid so schwirig, aber me wott der Pfarrer übertrumpfe.

Auso, der Erscht stygt näb em Brunne mit de guudige Mosaiksteine pfirrlimässig uf, hocket ab u biegt scharf linggs i d Fellebärgstrass, der Zwöit steit scho uf der Chiuchemuur, gumpet uf e Gider u hänkt syni Bei vorabe u der Dritt plumset es paar Meter speter vor Muur abe uf e Gepäcktreger, steit blitzschnäu uuf u chlammeret sech mit eire Hang a Fahrer u winkt stouz.

Drei Maa im Ganze, quasi d Pyramide uf em Velo, e ryffi Leischtig uf däm fahrbare Ungersatz, wo gfährlech gygampfet.

Bis das klappt, bruuchts mänge Aalouf, es tschäderet u göisset dusse vor der Chiuche. D Meitli, wo frei hei, stöh näb em Brunne, luege bewundernd zue u füüre di Akrobate lut aa. Der Adrenalinkick isch mächtig, jede isch motiviert, aber äbe nid für d Ungerwysig.

Na etleche Fäuversueche u Stürz vo de Konfirmande wunderet sech der Pfarrherr über sys Vehikel, wo fasch e Achter het, e Gepäcktreger, wo lodelet, e Vorderbräms, wo nümm rächt zieht, u ne Nabe, wo waggelet, aber sy Maschine lähnet geng no unbschlosse unger a der churze Stäge.

Einisch übertrybes di Konfirmande. Scho churz nam Aafang vor Stung lääre sech d Bänk, dusse gröölets u em Pfarrer dämmerets plötzlech. Mit Riiseschritte stürmt er zum Portau, ryssts uuf u gseht no grad, wi der Dritt wott ufstyge. Der Geischtlech tuet e wäutleche Schrei, wo o Gott drinn vorchunnt. Vor Schreck gheit di voui Ladig vom Velo u kippet um. Serigi Tön het me no nie ghört im Lande Kanaan, so lut u so profan!

Wo der Herr Pfarrer ändlech Aate hout, meint eine vo de Giele vorwurfsvou: «Dihr syt z früeh, d Stung isch no nid fertig, Herr Pfirrli-Pf…» Das isch der Funke i ds Puuverfass. Der ganz Fruscht vo dene strube Giele, wo ne geng nume ergere, nüüt verstöh u sech sogar a sym wunderbare Fahrrad vergryffe, ergiesst sech rych garniert mit währschaft bärnische Usdrück über di verdutzte Akteure.

Mit däm Donnerwätter ischs de nid verby. Der Herr Pfarrer Pfischter geit höchscht persönlech aui Sünder deheim ga vorlade, Ufgebott i Briefform wäre vilech wundersam verschwunde. Sämtlechi Artischte u Supporter müesse mit ihrne Vättere im Pfarramt aatrabe, vo Nid-Konfirmiere u wytere Sanktione isch d Red. Natürlech het o der ‹Freund Heinrich› zu dene Übutäter ghört, mit ihm no es paar Kollege us em Hof bim Vieresibezgi. Der Pfarrer i der Hustüre, das heigs no nie ggä, meint der Grossvatter, das syg e Schang, e Filius, wo sech so schlächt uffüehri, u är putzt sym Heireli ghörig z Mösch.

Am nächschte Samschtignamittag, wo der Grossvatter lieber wär ga fische, rückt de das Grüppeli aa bim grüene Heum vo der Poulus-Chiuche, es haubs Dotze Vättere mit ihrne Zöglinge, Punkt zwöi. Aune stinkts, di meischte Giele hei deheime scho es paar Doublette verwütscht u gfunge, das tüegs eigetlech wäg emne einzige Velo.

Mym Grossvatter, wo nume bi Toufine, Hochzyt u Beärdigunge i d Chiuche isch, auso nie z Läärem, schlaat di Sach gruusam uf e Mage. Bir Besprächig sy aui yverstange, dass me ds Velo müess flicke u nümm dörf aarüehre. Derzue bruuchts no e Handschlag für sech bim Geischtleche z entschuudige.

Dermit isch aber no nid gnue Buess ta. Offebar spiut Sippehaft e Roue, uf jede Fau verfüegt der Geischtlech, dass di Vättere mit ihre Sühnli am Sunntig zu ihm müesse z Predigt cho, si chönne d Müetere o grad mitnäh. Das isch hert, steihert sogar, di Aute worgge, d Sühn vermuete no es paar wyteri Doublette u der Pfarrer schmunzlet lischtig: «Öich zeige ig itze, wo Gott hocket.»

Dä Samschtignamittag isch definitiv im Eimer, der Sunntig o grad. D Missetäter schickt me hei na dere pfarrherrleche Abkanzlete, brüehwarm rapportiere si deheim. My Grossmueter lachet lut use u versteckt ihri Schadefröid nid. Si wird nid emau toube, wo ihri besseri Heufti na der Predigt am Sunntig ersch spät, das heisst eigetlech scho fasch wider früeh, aarückt.

Di gruusam verddonnerete Vättere rotte sech nämlech na däm pfarrherrleche Tiefschlag zäme u göh de afe zum ne inoffizieue Aabedmau: Zersch i ‹Apoll›, när i ‹Schwyzerbund› u zletscht versöhne si sech im ‹Beaulieu› mit ihrem herte Schicksau, wo se mit serigne Früchtli vo Sühn sägnet.

Ds pfarrherrleche Fahrrad rüehrt tatsächlech kene meh vo dene Bursche aa, wüu nämlech es paar vo dene Sürmle ihres eigete Velo o ufmotze mit ere verbreiterete Hingernabe. Übrigens wärde di Süchle aui konfirmiert vom Herr Pfarrer Pfischter.

Es hertnäckigs Grücht het i de Sibezgerjahr wöue wüsse, dass es paar auti Esle us dr Länggass na re Klassezämekunft mitts ir Nacht das Kunschtstückli, im Schwaubeli der Schanzestutz abe z freese, trotz fortgschrittenem Auter widerhout heigi. Eine heigs gruusam übergoferet, aber es syg o ne Chirurg derby gsy, wo ne de heig zämebblätzet.

Caracho u Caracciola

Der Bremgartewaud, der Bremer, isch quasi der erwyteret Wohnruum vo myr Grossmueter, wo bim Puure ufgwachse isch u gärn us der Stube a di früsche Luft geit. Ds Wätter spiut ere ke Roue, es paar Tröpfli machi emene erwachsne Tropf nüüt, bhouptet si geng u leit di brevere Haubschueh aa u spannet der Schirm uuf.

Geng mit emne Chörbli bewaffnet, tubet si los gäge Bremer, e churze Chutt vor hingere Länggass uus. Im Früehlig bringt si Schlüsseli, Geisseblüemli u Waudmeischterli hei u steut se i chlyni Väseli. Um d Oschtere ume chöme zarti Söibluemeblettli mit, wo wunderbar schmöcke im Spinet. Tagelang sturmeret si dür e Waud, im Mai macht si us de Blüete vom Holunder Limonade u Sirup, di einzige Süessgetränk vo früecher – i schmöckes no itz uf der Zunge. Im Summer treit si Tannzäpfe u trochni Chneble hei zum Aafüüre u gäge Herbscht sy Piuze u Beeri drann. Si kennt aui Plätzli, süessi Himpi, dunkli Brami u Holunderbeeri gä wunderbari Gomfitüre, Schlee u Sirup. Steipiuze, Eierschwümm oder Morchle, früsch oder im Eschtrig obe tröchnet, wärde mit emne feine Sösseli zum ne Herreässe ir Chuchi vom Vieresibezgi.

Bim Glasbrunne sitzt si geng ab uf emne Bank, o we mir aus Ching mitdörfe, u lost i Waud yne. Buechfinke pfyfe, gäge Früehlig tschäderet der Spächt no trotzig u ds ganze Jahr sprudlet u gluggset der Glasbrunne. Denn treit no nid jede es Gütterli bi sech, wenn er de vilech es Dürschtli überchäm. Me hanget eifach zümftig a d Röhre, gniesst das früsche chaute Wasser u füllt sech der Buuch, das tuets für nes Zytli.

Erwartigsvou schuenet d Frieda los u chunnt geng zfride hei nam Bremer. Si mues d Chneble u d Tannzäpfe sortiere, d Beeri ychoche, d Schwümm rüschte u parat mache für se z deere, nüüt vo dene Koschtbarkeite geit verlore.

Bi de Schwümm isch si wählerisch u nimmt nume die drei Sorte, wo si würklech kennt. Mängisch gseh mir schöni Flöigepiuze mit em rote Huet, wo giftig sy, aber mir lö se stah. Irgendwie syge die o nützlech, süsch hätt se der Herrgott nid gmacht, meint d Grossmueter. Das giut o für di häubruune Chlammerehüüffe, wo wi Pyramide zum Bode usluege. Mir stuune, wi di gschäftige Ameisi drinn umeräble, umegraagge u Sache transportiere. Di chlyne Viichli heigi o ne Ufgab, das wärd scho richtig sy, Punktum.

We d Schwöschter un i aube mit i Bremer göh, gits geng es Znüni: E Bitz Brot u e Öpfu, vilech es Stückli Chäs, mängisch es Reiheli Schoggela zouberet d Grossmueter us em ghüslete Stoffseckli. Am ne ruehige Plätzli uf emne gfäute Boumstamm oder uf emne Strunk mache mer Pouse. Nam Znüni spile mir, boue chlyni Hüsli us Chnebeli bi de Wurzle vo de Böim. D Grossmueter zeigt üs, dass es Hüüffe verschideni Sorte

Miesch git u dass me der Suurchlee cha ässe. Mir entdecke, wi fein der Waudhärd, es Stück Tannerinde u trochnigs Loub ir Nase schmöcke u weli Grüch nam ne Räge chöme. D Grossmueter het Zyt für üs u üser vile Frage, derzue ghöre mer der Wind ruusche i de Böim.

Jahry u jahruus geit d Frieda mindischtens drü Mau pro Wuche i Bremer, ihres Paradies, wo si scharf beobachtet. Si kennt der Förschter, tuet öppe mit ihm tampe, wott wüsse, wiso itz bravi Tanne um müessi oder Bueche mit lüüchtig grüenem Loub. Der Waud isch e Bitz wyt ihre eigete.

Drum man es se schwär, si isch sogar ärnschthaft verstimmt, dass si mit ihrem Suhn, em Veloakrobat u Luscheib, i re wichtige Sach ds Höi gar nid uf der glyche Bühni het. Itz chunnt di fridlechi Frieda plötzlech i ds Jääs. Das het äbe mit ‹ihrem› Bremer z tüe.

Scho vor em Zwöite Wäutchrieg, brichtet si üs, syg Bärn 1934 berüehmt für syner Outo- u Töffrenne: nämlech wäg dere berüehmte Bremgarte-Rundstrecki für Töffe mit u ohni Sytewäge u richtige Renngöpple, auso Formel-1-Chläpf!

Vor em Renne erschyne ir hingere Länggass plötzlech schnäui Töffe, aber o der Silberpfyu vo ‹Mercedes›, Modäu vor ‹Outo Union›, ‹Ferrari›, ‹Bugatti›, ‹Alfa Romeo›, aui mügleche superschnäue Bolide. Fyrlech röuele die langsam dür d Länggass, so dass me se usgibig cha bewundere. Der Heiri u di meischte

Giele u Manne wärde ganz sturm, richtig plämm u luege sech fasch d Ouge us em Chopf. Ganz bsungers wichtig für di Renne isch d Tanksteu am Egge vom Vieresibezgi.

Der ‹Bizzozero› verchouft äbe nid nume Velo, sondern o Moscht für di durschtige Maschine. Me steu sech vor, di internationali Rennfahrerprominänz, wo eigehändig tanket a de Süüle. Da stöh di Wunderchischte, d Pilote d Hang lässig am Yfüustutze, u d Zueschouer sy hin u wägg vor luter Bewunderig. Der Caracciola oder der Rosemeyer am Egge vom Vieresibezgi! Wär einisch süüferli über das koschtbare Bläch vo dene Göpple darf strychle, plagiert no wuchelang dervo.

Vor em Renne geits luschtig zue bir Tanksteu, d Fahrer sy ufgsteut, vou Erwartige u Fröid, parliere munter zäme, mache Sprüch u lache lut – aber na de schwäre Unfäu, we si wider bänzine vor der Heifahrt, sy di Pilote stiu u bedrückt, ärnscht u nachdänklech, wüu sy der Tod so naach gspürt hei, verzeut mängs Jahr speter di hütigi Bsitzere vom Vieresibezgi.

Währet em Zwöite Wäutchrieg louft nüüt, aui Renne sy abgseit. Aber gly druuf geit der Tüüfu wider los u di gfährlechi Blocherei im Bremer isch wider e bejubleti Sensation.

D Grossmueter verzeut üs genau, wi das Grossereignis aube ablouft. Es paar Mau spaziert si mit üs di früecheri Strecki dür e fridleche Waud. Mir chöi üs di Raserei fasch nid vorsteue, we nid no verhudleti Tanne, aagrisseni Buecherinde u der verlöcheret Belag di Rennerei würde bezüge.

Bärn syg wi im ne Fieberwahn, Chlyni u Grossi schwänki plötzlech es Bärner- oder Schwyzerfähnli u syge au Tag währet de Trainigsfahrte vor em Renne d Gwungernase ga fuetere. I de Schuele gäbs massewys Mageverstimmige, es hagli Absänze u när Buesse ‹wegen unentschuldigten Fernbleibens›. I mängem Büro grassieri plötzlech drei Tag e heftigi Influenza mitts im warme Summer. Was d Grossmueter vergisst, ergänzt de aube der Grossvatter, wenn er hei chunnt vor Arbeit.

Für d Vorbereitige vo däm Grand Prix bruuchts e Huuffe Arbeit: Me fäut Böim, wo z naach ar Strecki stöh, u schnydt Strüücher u Gras zrügg. D Rennpischte isch zum grosse Teu eigentlech e normali Strass, zytewys e bessere Waudwäg. A de Ränder verbreiteret me di sogenannti Bahn u besseret se us mit Steine, Schotter, Grien u Teer, so dass si a paarne Steue zwöispurig wird. Aber si isch ghögerig u löcherig, es git zümftigi Schleeg uf d Achse vo dene Renngöpple, Achsebrüch, abgrissni Kotflügle u flügendi Redli sy mängisch d Fouge.

Di höchi überddeckti Houztribüni ar Murtestrass wird putzt u kontrolliert vor em Bsuecheraasturm. Ar

Strecki byget me Huuffe Stroubaue vor d Hindernis, ob die d Fahrer söue schütze vor de Böim oder umgekehrt, isch nid ganz klar. Zum Schluss sperrt me d Pischte ab mit Bänder, Seili u Lattezüünli.

Vor em Renne rücke zersch fuederwys Fotografe us ganz Europa aa mit gwautige Apparate u mächtige Blitzliechter druffe. Reporter fuge ihri schwäri Usrüschtig zum Teil mit Leiterwägeli oder Veloaahänger i Bremer hingere u sueche sech Plätz für ihri Ufnahme, am liebschte i re giftige Kurve oder bim Start.

Ändlech geits los mit em Training, wo drei Tag duuret. Itz erzitteret der Bremer. Streckewärter winke mit de schwarz-wysse Fähnli, d Megafon u d Lutsprächer, wo Zyte düregä, brüele überlut dür e Waud, me ghört se chuum i däm Motorelärme. Der Testosteronspiegel bi de Fahrer u de Zueschouer schiesst i d Höchi.

Me schmöckt dä Rennzirkus buechstäblech. Scho vor em Renne, we di Bolide langsam zum Start dür d Länggass troole, dröhne u donnere ihri Motore, der blau Dunscht vo de Abgas stinkt bis i vierte Stock vom Vieresibezgi ufe. Blaugrüeni Öu- u Bänzinfläcke uf der Strass sy Souvenirs, wo me no wuchelang nam Renne gseht. We di Wundermaschine speter im Training im ne Höllecaracho gäge d Eymatt abeflüge wi Granatechugle, ghört me se bis zu myne Grosseutere ruure, kreische u dröhne.

Berüehmti Pilote wi der Rosemeyer, Stuck, von Brauchitsch, Varzi, Caracciola u ne Huuffe angeri us em Gschwindikeits-Olymp beehre plötzlech der Bremer, d Crème de la Crème vor damalige Rennfahrerprominänz isch da. Der Grand Prix vo Bärn isch äbebürtig mit em Nürburgring, Silverstone u Monza!

Di Rennwäge hei e Höllepfupf, e Gwautsladig vo 500 PS unger em Bläch. No öppis Spezieus gits am Bremgarterenne: Bi de Vorbereitige, wes ärnscht wird, mische d Mechaniker, me gloubts chuum – Rhizinusöu i ds Bänzin, teu probieres o mit Äther – für d Motoreleischtig z steigere! Das git dä scharf Gruch, wo zuesätzlech us der schwarze Bänzinwuuke stygt. Die begleitet di ganzi Rennerei tagelang intensiv u würkt bedrohlech.

Ds Publikum, bsungers ds wybleche, bestuunet di rassige Fahrer, wo e stoffige wysse Overall trage, e äng aaligendi häui Hube uf em Chopf u vor de Ouge e Schutzbrüue am ne Elastikband mit chugurunde Gleser. Ke Helm, keni Äckestütze, keni Sicherheitsgurte, ke Überroubügu, gar nüüt. Man lebt nur einmal, so würkt dä Zouber.

D Rennstrecki isch eigetlech es Waudrenne: e Kreis mit Zagge drinn, geng rächts ume, vom Start bis zum Ziu, nie graduus, luter Hochgschwindigkeitskurve. Das isch e aaspruchvoui, schwirigi Sach, Liecht u Schatte wächsle blitzschnäu. Für die 7,2 Kilometer het der schnäuscht Fahrer, der Caracciola, mit syr Höchleischtigsmaschine zwo Minute 39 Sekunde, totau 66 Mau rundum rase. Für z gwinne mues är der Gägner waghausig überhole, abdränge oder usbrämse, unbedingt uf der ghögerige Pischte blybe, ja ke Boum touchiere, u das im ne Höllezahn mit ere Durchschnittsgschwindigkeit vo 150 Kilometer pro Stung. Vor aune Kurve, o bim Tenni, wo der Name vom tödlech verunglückte Töfffahrer Tenni übercho het, schaute d Fahrer zrügg, d Motore hüüle uuf u jaule, när gäbe si wider Gas, dass d Reder düredrääje u d Zuschouer o. Zum Teil übernachte ganz aagfrässeni Bewunderer znacht im Waud, damit ne de am Morge, we wider gfreeset wird, niemer ihre guete Platz nimmt.

Meh aus hunderttuusig Zueschouer us der ganze Schwyz bestuune das wichtige Spektaku, we de na drei Tag Training am Sunntig ändlech ds richtige Renne über d Bühni geit. Wi di meischte Bärner isch o der Heiri bim Zueluege derby, was d Grosseutere furchtbar ergeret u uf Paume bringt. Äs nützt nüüt, dass der Grossvatter, dä ygfleischt Ysebähnler, schnödet über d Outo im Augemeine, di Stinkchläpf sowiso u di stumpfsinnige Fahrer im Bsungere. Da müess eine mit em Sack gschlage sy oder Tinte gsoffe ha, dass er wi ne Irre 66 Mau am glyche Ort düre sirachi, der Gägner schigganieri u ihm der Platz uf der schmale Pischte versperri. Derzue dä Krach wi ir sibete Höu, wo me ds eigete Wort nid verstöng. E gfährleche Blödsinn syg di Rennerei, wär nume es bitzeli Grips unger der Frisur heigi, syg dergäge u göng o nid ga gaffe.

Aber aui Bedänke sy für d Chatz, ds Rundstreckerenne vo Bremgarte zieht der Heiri u d Zueschouer aa wi d Mugge ds Liecht. Masse vo Schwärmer luege, fiebere mit, bewundere u fuetere vilech o nume d Gwungernase oder warte uf Sensatione oder Unfäu.

Ds Grossereignis vor Formel 1 faat bim Forschthuus aa, am Rand vom Bremer. Der Start isch bir Tribüni genau vor de Ouge vo de Zueschouer. Gspannt hocke sy da, zvorderscht e Huuffe Presselüt, Fotografe u Reporter. Di Bolide stöh wi närvösi Ross hinger der wysse Linie, es röhret, jaulet, lärmet, stinkt, aui warte uf e Start.

Uf ds Mau häbe d Streckewärter d Fahne ufe, schwinge u sänke se, d Motore hüüle mit vouer Chraft. Es isch, wi wenn di Rennwäge würde explodiere, si schiesse wi Rageete los u zische ab. Plötzlech gits nüüt meh z gseh ussert Rouch u blauem Dunscht, nume no z ghöre. Zersch rase si liecht rächts ds Loch ab gäg d Eymatt, haarscharf näb em Jordeweiher verby, mängisch o dry, dür di berüchtigeti Eymattkurve, wo geng schmeler wird, liecht rächts bim Tenni, chly abbrämse aber gnue Schuss mitnäh i di nächschti Rächtskurve, churz Vougas, itz e scharfe Rank zur Rampi, wyterrase uf der Halestrass, wider e Rächtskurve, gäge d Passerelle bim Glasbrunne zue chutte, no ne Rampi, d Brämse quietsche, e schier rächtwinkligi Kurve, fasch vou uf d Chlötz für se z verwütsche, wider ar Zueschauertribüni verbypresche mit wahnsinnigem Güsu; je nach gmässener Zyt, wo der Lutsprächer düregit, brüele d Zueschouer. Es git ke Pouse, i eim Caracho wyter, mängisch 66 Mau rundum. Wele gwinnt äch, scho wider der Caracciola, wo mit Hölleschuss zwüsche de Böim düre donneret?

Linggs u rächts vo der ganze Strecki stöh Bsuecher, Froue, Manne, Ching u Hüng. Di gfährlechschte Kurve, wos am meischte z gseh git, sy mit Bänder abgsperrt oder Houzzüünli, s het o Stroubaue, u Hüüffe Giele chlättere uf d Böim, für der Überblick z ha. Zueschouer u Fahrer läbe gfährlech. Vo dene, wo d Nase fürestrecke, weis me nid, wi mänge verunfaut, aber vo de Fahrer stärbe 1948 grad drei u 1954 wärde di Renne verbotte.

We mir mit der Grossmueter mängs Jahr nam letschte Grand Prix bim fridleche Glasbrunne höckle, verzeut si geng wider vo dere strube Epoche.

No tagelang stinkts na de Renne im Bremer na Öu u Bänzin, Hüüffe Böim hei verletzti Rinde oder sy Prellböck für ungschickti Fahrer, mängs Tier us em Waud wird übercharet, u geng wider gits schwärverletzi oder toti Fahrer. Si nimmt di sinnlosi Raserei ganz persönlech. Di schöne Böim, wo me uf der ganze Strecki umta het, dä gruusig stinkig Teerbelag u dä

Soukrach wi im ene höuzige Himu: Si laat e ke guete Fade a däm Ereignis, wo massehaft Lüt tou finge. Isch d Frieda ächt eini vo de erschte Grüene i der Länggass?

Es het ihre u em Walter z dänke ggä, dass aube na de Renne es paar Superschlaui, wo knapp chöi es Outo stüüre, de Pilote nacheyfere u d Rennstrecki mit ere aute Röndle oder gwöhnleche Chäre u ohni grossi Fahrkünscht usprobiere. Schwäri Verletzige, Unfäu u Toti sy d Fouge dervo. Myner Grosseutere sy gar nid truurig, wo me dä Spuk 1954 absteut.

Bsungers beschäftiget se der Rennfahrer Achille Varzi. Nach sym tödleche Unfau wird er uf em Bremgartefridhof bestattet, es isch e riisigi Beärdigung mit Staatsgescht u Hunderte vo Zueschouer, es riisigs Tamtam u ne Bärg vo Chränz um ds früsche Grab. D Karawane zieht wyter, nach es paar Monet, we me di letschte Chränz wäggruumt, gits nume no es paar schitteri Blüemli u Gjätt näb em Houzchrüz.

Gott sei Dank erläbt my Grossmueter nümm, dass e grosse Bitz vo der Outobahn A1 hüt mitts dür ihre Bremer füehrt. Zum Teil nimmt si fasch der glych Verlouf wi di ehemaligi Rennstrecki, sogar sächsspurig. Was sieg d Frieda ächt?

CAFE FEDERAL

Granium u Gsüchti

Luegets guet aa, das graue Huus ar Länggassstrass 74, achtet bsungers uf e Baukon obe rächts im vierte Stock. Jawohl, dert zieh sech häugraui Spure dür e Verputz abe. I fröie mi jedes Mau, wenn i se gseh, di sichtbare Bewyse vo Grossmueters Liebi zu de Granium. Es geit um ds sogenannte Granium-Gen, wo i üser Familie e wichtigi Roue spiut.

My Grossmueter wachst z Illiswil uf em Land im ne chlyne Hüsli uuf ir Neechi vo re toue Puurerei. Im Summer luegt si mit ihrer Mueter, auso myr Urgrossmueter, au Tag mit gstilete Ouge zum Hof übere. Dert äne uf der Bühnisloube stöh wunderbari Granium, dicht u vouer Blüete, mit emne schöne Blatt, wo ir Mitti dunkugrüen isch. Di roti Pracht lüüchtet wyt über ds Land u isch der gross Stouz vo der Püüri, wo näbscht em Gmüesgarte ihrer rote Lieblinge hätschelet, geng säuber bschüttet u dünget mit em damalige Auerwäutsmittu – em Hüehnermischt. Das überlaat si nid ihrne Dienschte.

Myner Urgrosseutere sy nid hablech, e Tschuppele Ching gits düre z fuetere, da blybt nid viu für Bluemeschmuck übrig. Aber my Urgrossmueter hätt haut o gärn Granium, u da ergit sech plötzlech e Glägeheit.

Nach emne strube Auguschtgwitter isch di roti Herrlechkeit vo der Püüri bös havariert. Der Luft isch mit vouer Chraft uf di Pflanze los, entwurzlet einzelni Stüdeli, knickt Stängle, bricht Blüete ab, schrysst Bletter furt, es isch es Riisechaos. Tonhäfeli lige verschlage uf der Bsetzi u im Garte, u di stouzi Bsitzere briegget ds luter Wasser. My Urgrossmueter hiuft ere ufruume. Aus Dank überchunnt si es paar Schössligе, sogar Stüdeli u auti Häfeli. Itz geits los u de zgrächtem.

Chuum deheime, setzt d Urgrossmueter di brevere Stück i Tonhäfeli mit guetem Härd us ihrer Pflanzig, tuet di chlyne Schösslige i Wassergleser u inschpiziert se jede Tag. Wo die gnue Würzeli hei, chöme si i nes chlyses Chischtli u de ersch i d Häfeli, wo d Urgrossmueter no schattiert, wüu so zarti Wäse di pralli Sunne nid rächt würde verlyde.

Sobau d Granium chreftig gnue sy, chunnt o ihres Auerheilmittu zum Zug: Hüehnermischt, stinkig, aber würkigsvou. Sorgfäutig, nid z viu, geng schön ungere häckerle u de scharf beobachte. Et voilà: Us dene schittere Schirbi wärde bis im Spätsummer schöni, starchi Granium, u d Urgrossmueter spart, für ir Gärtnerei no meh Häfeli z choufe.

Dä Zuchterfoug fröit se u si steut der Chamme. Säubverständlech hääpelet u pääpelet si di koschtbare Pflanze, steut se im Spätherbscht i dunkle Husgang uf nes Houzgrüscht, wo der Urgrossvatter zwäggmacht het. Si schnydt se sorgfäutig zrügg, laat nume di chreftigschte Triibe la stah, nimmt se im Früehlig füre, zersch i d Stube, när langsam use u la aatrybe, no chly abdecke, dusse bschütte, häckerle u speter Hüehnermischt derzue, der ewig-immerwährend Jahreskreislouf setzt y. D Püüri stuunet, d Blüete vor Konkurränz sy fasch schöner aus ihri. D Frieda, denn no es chlyses Meiteli, wird vo ihrer Mueter i aui Gheimnis vo aaständige, chreftige Granium ygeweiht.

Nach em Zügle a d Länggassstrass 74, chöme natürlech Illiswiler Schösslige mit uf e sunnige Baukon. My Grossmueter bipääpelet se na der Manier vo ihrer Mueter. Nöi isch, dass si di koschtbare Pflanze i grüeni Houzchischtli setzt u nümm i einzelni Häfeli.

Ds Bschütte hingerlaat ydrücklechi Spure am Baukon, wo mi no hüt fröie, der Husmeischter gseht das zersch nid ganz glych. Aber wo de im Stadtaazeiger steit, dass my Grossmueter im Vieresibezgi heig e Prys übercho u ne schöni Urkund für ‹Bern in Blumen›, da isch er bekehrt, u plötzlech erschyne im graue Huus no meh Graniumchischtli uf dä Baukön.

Es steckt viu Arbeit derhinger: Jede Tag aui verblüeite Bletter u Blueme sorgfäutig abläse, d Chraft söu i d Pflanze, nid i ds Verblüeite. U de ersch der Hüehnermischt! Vo Illiswil i aute Blächdose uf em Velo der Bremer uuf schleipfe u dene koschtbare Lieblinge i homöopathische Dose verabreiche, das isch de nid nüüt. Das aues het d Frieda uf sech gno. Natürlech luegt si gärn zu ihrne Lieblinge, derzue beobachtet si nämlech, wär dür d Länggass louft, ob ds Tram pünktlech isch u ob di Schnuderbuebe uf der Strass unger nid gäge d Ghüderchessle stüpfe, was unerhört schön schepperet.

Im Herbscht naglet der Grossvatter sogar es Houzgsteu zäme, im Stägehuus isch der ideau Platz zum Überwintere. Jedes Jahr, we di Bluemegschouer vor Stadt chöme, gits es Gaffee. Bis my Grossmueter i ds Autersheim am Ahornwäg züglet, überchunnt si jedes Jahr di ersehnti u höchscht verdienti Uszeichnig, quasi e Orde ‹pour le mérite des géraniums›.

We me mit der Frieda ungerwägs isch, studiert si aui Granium vor Konkurränz scharf, bsungers uf em Bäreplatz, u si mues sech mängisch ergeuschtere. «Mageri Sach, oh je, di Hääpeli, nüüt Rars, luegt de da niemer i däm Büro, die hätte doch Zyt, so öppis», dermit sy leidi Pflanze gmeint. «So truurigi Grageeu, da mues me sech schäme derfür», heissts bi der grosse Bank. We si de blybt stah, lang nüüt seit u aadächtig stuunet, wüsse mer, da isch e Profi am Wärch. «Gwüss so schön wi myni, gä die äch o Mischt oder was mache die?» Hüüffig chunnt si i ds Fachsimple mit angere aagfrässene Graniumliebhaber.

My Mueter, wo im Vieresibezgi ufwachst, het di Fröid a de Granium mit übercho. Si geit geng mit der Grossmueter uf e Graniummärit, stundelang gschoue si di nöie Sorte u diskutiere drüber, e wichtigi Sach.

Für dä Aalass i der Stadt inne lege sech beide geng schön aa.

Offesichtlech schlaat ds Granium-Gen o ir dritte Generation düre. Drum isch es fasch normau, dass my Mueter eines Tages schwach wird. Was steut si aa? Bim Bähnli zu de Giessbachfäu am Brienzersee blüeje Hängegranium, öppis ganz Nöis. Wunderbar häurot mit zartem Loub sy die Pflanze, mit Blüete, wo fasch bis zum Bode abe hange, das git ihre furchtbar z dänke. Es Granium, wi si no nie eis gseh het, eifach ungloublech. Währet em Zvieri uf der Hotelterrasse geit ihre das nid us em Sinn. Bim Näbedüre-Loufe zum Schiff abe bricht si es einzigs Schössli ab, e strafende Blick vo mym Vatter, Papierserviette füre, Handtäsche uuf, hei reise, deheim i ds Wasserglas, warte, zarti Würzeli la wachse, i ne Schale setze u es funktioniert! Überwintere, nomau Schössli, Häfeli, u na zwöi länge Jahr blüeje exklusivi Hängegranium a üsem Huus. Usser em Gärtner mit sym Profiblick achtets niemer, dä schmunzlet bedütigsvou u meint, si heig schöni Pflanze, die syge säute.

Ds Granium-Gen schlaat o ir vierte Generation, bi mir Schwöschter u mir, vou düre. Mir pflege jedes Jahr e Tradition: Im Früehlig göh mer uf e Graniummärit uf em Bundesplatz. Es isch en Art Gedänkalass mit Erbe u Erbstück: My Schwöschter treit ds Bracelet vo myr Mueter u ig ha e Ring vor Grossmueter a der Hang. Mir zwo luege, stuune u fröien üs a de verschidene Sorte u dänke berüehrt a d Härkunft vo üser Liebi zu de Granium, wo sech bis zu üs vererbt het. Zum Graniummärit ghört bi üs zwone wi früecher mit Mueter u Grossmueter, dass mer bim ‹Gfeller› am Bäreplatz es Stück Ärdbeerichueche ässe, natürlech mit Nidle. De dänke mir dankbar a üsi Grosseutere us em Vieresibezgi, vor auem a d Frieda. Leider geit di Tradition itz nümm wyter.

Näb em Gartne het my Grossmueter no e wyteri Lydeschaft. Si chochet furchtbar gärn, ihri Chuchi isch ihres Himurych uf Ärde. Wi ne General steit sy im Dampf, luegt, wi d Suppe plöderlet oder d Züpfe ufgeit. Ihri Rezäpt hei mir höch in Ehre. We mir yglade sy ir Länggass, dörfe mer wünsche, was mer zum Zmittag möchte. Wyt obe uf der Präferenzelischte stöh natürlech ihre Härdöpfustock, säuber gmachte Hackbrate, wunderbari Bratwürscht u schön füechte Härdöpfusalat. Der Trick bim däm isch di warmi Bouillon, die isch wichtig, wo me a d Häpere schüttet, wes si am Abchaute sy. D Bratwürscht mues me geng wider ystäche, so wärde si chlyner u derfür chüschtiger. Es Höch uf auti bewährti Rezäpt, nid nume d Nouvelle Cuisine macht Fröid!

My Grossmueter het no ke Timer, ke Mikrowäue u sowiso ke Steamer u isch dermit aut worde. Ir Chuchi stah heisst für si nid jufle u multitaske, sondern Sorgfaut u Liebi bruuche.

Choche isch für my Grossmueter e ärnschthafti, wichtige Sach, ächte Slow-Food. D Zuetate list si sorgfäutig use, nid z viu wäggrüschte, us em Gmüeswasser gits no es feins Süppli mit Chrüter vom Baukon. Auts Brot furtpänggle chunnt nid i Frag: Öpfuröschti, Fotzuschnitte, Götterspys, süessi Uflöif, aues zouberet us Räschte, mängisch traktiert si auts Brot mit em Chuechetrööler uf em Bachbläch, de gits Paniermäu drus.

Jede Tag macht my Grossmueter d Kommissione churz na de achte, em Voraabe notiert si geng ds Nötige mit ihrer schöne Schrift uf nes Kaländerzedeli, genau em Chehr naa, wo si de z mornderisch macht: Zum Beck ‹Raemy› ar Waldheimstrass hingere, zum Metzger ‹Junker› a d Büehlstrass füre u i d Miuchhandlig ar Länggassstrass. Si geit gärn i di chlyne Läde, wo me no chli brichtet, grossi Säubschtbedienigstämple sy ihre e Gruus. Churz vor de nüüne isch si wider deheim, s längt vilech no für schnäu e Blick i d Zytig.

D Usnahme vom normale Kommissiönle sy der Zyschtig u der Samschtig, da mues si z Märit uf em Bundesplatz u isch de ersch em haubi eufi deheim. De heissts när: D Häng wäsche, d Ychöif verstoue oder parat lege zum Choche. E Chüehlschrank gits no lang kene, auso steut si d Vorrät i ds Schäftli mit em Flöigegitter uf em schattige Chuchibaukon.

Normalerwys steit si geng nam Zähnischlag vo der Stubenuhr uuf u presst d Häng gägenang. Si wäscht se nomau vor em Choche ir Chuchi am Schüttstei, tuuschet der Husschurz gäge wysse Chuchischurz mit dä Hoousöim uf der Bruscht u bingt di längi Bänder uf em Rügge zu mene schöne Lätsch. Si strycht mit beidne Häng über di grosse praktische Seck u na däm tägleche Rituau faat si aa.

Zersch ds Gmües u der Salat wäsche, när zwägrüschte, di passende Pfanne uswähle, wo ob em Schüttstei der Grössi na stöh wi Regrute, Wasser dry, Salz us em blüemelete Langethaler Gschiir mit em Houzdechu, u itz zum Herd. Natürlech chochet my Grossmueter aus Länggässlere mit Gas. Das syg haut wunderbar, schwärmt si geng, da chönni me stufelos d Tämperatur reguliere, das syg besser aus elektrisch, wos entwäder verpfluderi oder hert blybi. Di blaugäub zischende Gasflämmli, wo im ne chlyne Kreis uflüüchte, sobau si ds Gas aazündet, mache mir Ydruck. Aber no meh z dänke git mir ds abbrönnte Zundhöuzli. D Grossmueter leits geng i Schüttstei u tuets ersch i ds Ghüder, wes lang erchautet u düregnetzt isch. Wiso das? Aus Ching erläbt d Frieda mit, wi ds Nachbarhuus abebrönnt, wüu öpper es glüeijigs Zundhöuzli het i ds Ghüder gschosse. Mit Schiff u Gschiir heige d Flamme dä Hof gfrässe, di wenigschte Tier sygi z rette gsy. Dä Reschpäkt vor em Füür git si ihrne Ching u üs Grossching mit, mir maches genau wi si mit de Zuni.

Näb em tägleche Choche gits ir Chuchi no viu Arbeit mit de Vorrät, my Grossmueter betrybt wi aui Husfroue us ihrer Generation es richtigs Food-Management. Im Chäuer unger steit es dunkubruuns zylinderförmigs Tongfäss mit emne Houzdechu, es Standeli, öppe sächzg Santimeter höch. Dert dry hoblet my Grossmueter wysse Chabis, salzet, drückt ds Ganze mit ere grobe Houzcheue abe u leit der Dechu druuf. Nach es paar Tage rüehrt si um, git no meh Chabis derzue u Salz. We das Suurchabisschtandeli gfüut isch, mues mes au Wuche ga umrüehre, schön z Bode häbe derby, so dass aus düregsauze isch. Das git bravi Porzione Suurchabis im Winter u me mues ne nid ga choufe.

Zu de wichtige Vorrät ghöre näbscht de Zuckerstöck o Fett u der Anke. I blaugraue Steiguethäfe lageret uf em ungerschte Tablar vo der Hurd im Chäuer ds ygmachte Fett, Söischmutz u Anke, sorgfäutig zueddeckt mit schwäre Dechle. Das sy wichtigi Grundlage für ds Brägle, auso e aaständigi Röschti oder aues, wo i d Bratpfanne chunnt. Wichtig sy o drei bis vier gäubguudigi Zibelezöpf, wo vo der Dechi abehange, d Grossmueter macht se us de Chnoue vor ihrer Pflanzig säuber. Di einzelne flächtet si mit Bascht der Grössi na y, di grosse zoberscht u di chlyne zungerscht. Di Zöpf sy nid gchoufti Souvenirs vom Zibelemärit wi hüt, sondern säuber zöpfleti Kunschtwärk, damit di Mahlzyte Chuscht überchöme.

Der Menüplan berycheret my Grossmueter no mit ihrne Funde us em Bremer. Tief im Chäuer unger wachst d Gheimarmee dür e Summer düre langsam häre. Der Grossmueter ihri Mannschaft steit schön i Reih u Glyd uf der Hurd: I chlyne Glesli d Waudfrücht, schön aagschribe mit ere Etiggette, Himpi 1952, heissts öppe. Im Juni gits wunderbari Ärdbeerigomfi, aui Glesli ordentlech versorget, nachdäm d Decheli us heissem Wachs sy drüber cho u mit kariertem blauwyssem Stoff verziert wärde.

D Gomfitüre überchöme no Gschwüschterti, d Schleeglesli, u di grosse Brüeder sy di grüene Bülachergleser mit de Glasdechle uf em rotbruune Gummiring. Was es da aues git i däm haubfyschtere Chäuer, vou vo feine Gheimnis: ygmachti Bire, Zwätschge, Mirabelle, Aprikose, Rhebarbere; was nid us em Pflanzblätz isch, chunnt vom Märit z Bärn.

Sobau d Fruchtsaison aafaat, beobachtet d Frieda d Primeurs kritisch, ersch we d Farb schön lüüchtet u der Griff stimmt, schlaat si zue. I ihres gflochtene Märitwägeli verstouet si Ladig um Ladig i Chörbli u Täsche u schleipft aues i vierte Stock ufe.

Itz geits ersch richtig los: Si wäscht, rüschtet, schnydt, probiert u mischet mit Zucker. Uf em Gasherd chöcherlet si di Masse, bis si ds Band zieht, u füllt d Gomfi i Glesli. Für e Schlee steut si es Tabourettli verchehrt uf e Chuchitisch, d Gaze befeschtiget si a de vier Bei, u de drückt si der Früchtebrei dür ds Gwäb i ne Schüssle: So louft nume der Saft use, wo si de nomau mit Zucker ufchochet, dass der Schlee schön fescht wird. Frücht ymache i d Bülachergleser bruucht viu Gspüri: Nid z lang im chochige Wasser la, mit ere Schuumcheue yfüue, e Dechu mit Gummi druuf, la abchaute u de ab i Chäuer.

Natürlech bewirtschaftet d Grossmueter ihri Vorrät intensiv, geng wider geit si ga kontrolliere. Si tischelet fürers, so dass d Nöiygäng schön zhingerscht stöh, u nimmt das mit ufe, wo nache isch. Zum Griesschöpfli mit Wybeeri oder Miuchriis gits Zwätschgekompott u mängisch über di ghaubierte Bire usglaane Schoggi, ächti Feschtässe.

Im Chäuer unger hets o Öpfu, ‹Bärner Rose›, ‹Boskop›, ‹Jonathan›, u unger der Hurd lige Härdöpfu, ‹Bintje› meischtens oder ‹Ackersäge›. Bi ihrne Chäuerinschpäktione nimmt d Frieda geng di verschmurete Öpfu u d Härdöpfu mit dä längschte Cheischte mit, wo si sofort i der Chuchi bruucht, so geit nüüt kabutt. Im eigete Chäuer unger isch si Herrin über Gleser, Häfeli u Töpfli, das isch wi ne eigete Säubschtbedienigslade.

Ei Gschicht um Nahrigsmittu us der Chuchi vom Vieresibezgi verzeue üs d Grossmueter, my Mueter u ihre Brueder geng wider, offebar geit si ne rächt unger d Hut.

Churz vor em Znacht, bevor der Grossvatter hei chunnt, herrscht Alarmstuefe eis: Der Viertklässler Heiri chiflet mit syre acht Jahr eutere Schwöschter. Die kritisiert, är heig wider emau wüescht gschribe im

Rächnigsheft, das göng nid. D Grossmueter isch o dere Meinig, u itz geit e Chlychrieg los.

Der Vierteler fingts ungrächt, dass di zwo zämehäbe wi geng, chlagt heftig, u der Konflikt erreicht Eskalationsstuefe zwöi: Es wird uf beidne Syte lüter. Wüu ds Ässe nache isch, überprüeft d Frieda der ddeckt Tisch, ir Schüssle lige gäubi Gschweuti, dernäbe steit e brave Bitz Greyerzer uf em Houzbrätt u im Glasschüsseli lüüchtet rot der Himpischlee.

Ds Ziggle wird no heftiger, Stuefe drü: D Grossmueter, mit em Ankeplättli i der Hang, fuchtlet desume u seit erbost: «Öies Zangg het doch der Tüüfu gseh.» I däm Momänt isch der Anke wägg, Fyrabe, fertig, furt. Es wird totestiu ir Chuchi, d Grossmueter wird bleich, di zwöi angere o, aui drü chrydewyss. Der Anke isch verschwunde.

I däm Momänt chunnt der Grossvatter zur Tür y. Niemer grüesst rächt, aui starre uf das lääre Ankeplättli u schwyge. Was los syg, wott är wüsse, aber überchunnt ke Antwort, gseht nume entgeischtereti Gsichter. Är wäscht d Häng am Schüttstei, aui sitze zueche, geng no Totestiui. Wo der Walter nachefragt, brösmelet der Filius öppis u staglet, der Tüüfu heig der Anke gno. Aui schwyge u ässe, stumm schindte sy ihrer Härdöpfle, natürlech ohni Anke druffe. Der Grossvatter fragt sech, ob der Lybhaftig würklech ume syg. Es isch ungwanet, niemer z ghöre, ei Rueh ir Chuchi.

Plötzlech es fyns Grüüsch, tropf, wider tropf, es tönt nam Houzbrätt uf em Tisch, tropf, wider u wider. Aui starre uf das Brätt, es git gäubi Tröpf uf bruunem Houz, geng schneuer. Der Heiri göisset plötzlech u zeigt gäg ufe. Richtig, a der Dechi, ob der Lampe chläbt der Anke, wo wäg der Wermi usgseht wi ne gäube Stalaktit. Am Spitz vo däm löse sech die Anketropfe! Zersch rütsche si der Lampeschnuer naa, vo dert rünne si über e Glasschirm, schlittle gäge blaue Rand u vo dert plumpse si uf ds Chäsbrättli abe, tropf.

Wo der Grossvatter dä Meccano begryft, lachet är gredi use. Itz rede aui wiud dürenang u verzeue genau, wiso der Anke ar Tili hanget, nid dür Tüüfus Macht, sondern dür Friedas Schwung. Ds Glächter wott nid höre. Der Fläcke blybt trotz Putze no lang dobe. Dass me ds Wort ‹Tüüfu› nid dörf i ds Muu näh, isch zum Naturgsetz worde, yghämmeret, ydrücklech bewise u verewiget im Fettfläcke ir Chuchi vom Vieresibezgi.

Ds Ässe eschtimiere, so isch my Grossmueter prägt, furtschiesse isch e Sünd, Punktum. Nume i eire Beziehig macht si e Usnahm, nämlech bim Schnaps. Vo ihrer Verwandtschaft gits geng wider Kirsch, fläschewys, u di Gütter stöh im Büffee u vermache Platz für Bessers. Da isch ihre i Sinn cho, statt Brönnsprit Kirsch z bruuche. We si d Fänschter putzt, chunnt i ds Wasser e toue oder sehr toue Gutsch Kirsch. Dä mingeret

Gott sei Dank, u d Schybe wärde wunderbar suber, ömu de, we me mit em Hirschläder nache rybt.

Offebar isch dä Kirsch scharf näb der Lizänz düre bbrönnt worde oder tou drüber u het mängs Prozänt meh gha aus erloubt, auso e Art Brönnsprit Deluxe. Dank em höche Aukohoughaut glänze d Schybe nächär wunderbar, mi dünkt, di Schybe us em Vieresibezgi lüüchte bis hüt.

We dä Kirsch für d Fänschter guet syg, würki das sicher o gäge Gsüchti, de syg är nid vergüdet. D Gsüchti plaget my Grossmueter, scho i de beschte Jahr schimpft si über ihri Häng, wo ihre weh tüe u ufgschweue. Wi fyni Stiche fahr dä Schmärz i d Fingerglänk, Tag u Nacht, u si lydet stiu bis zu ihrem Tod dranne.

Si fragt sech mängisch, woher das chömi. Vilech, wüu si aus Ching mit ihrne Gschwüschterti im ne ungheizte Gade gschlafe heig, wo im Winter d Fänschterschybe mit Ysblueme syge beschlage gsy oder wüu me o im Winter am Bruune vorusse ds Wasser i schwäre Chessle heig müesse ga hole zum Choche u Wäsche oder wüu der Schnee mängisch höch syg uf em länge Schuelwäg gläge, so dass der Rock u d Schueh düre nass syge worde, das geit ihre dür e Chopf.

Dass ds Dussewärche uf em Pflanzblätz bi schlächtem Wätter nid guet syg, wott si nid wahr ha. Derzue gönni si de Schnägge ihri Salatstüdeli gar nid, wo sech eifach d Büüch vouschlöije, we si nid derzue luegi. U dass es emänd nid guet syg, bi jedem Wätter dür e Bremer z loufe, strittet si ganz energisch ab, das tüeji ihre nume guet.

Natürlech geit si lang nid zum Dokter, wäge chly Boboli a de Häng mach me kes Gheie. Überhoupt, süsch verschryb de dä no Tablette, die gruusi se sowiso. Auso, häre mit de Husmitteli, si probiert sämtlechi uus: es Chüngelifäu um d Häng lyre znacht, Umschleeg mit aadämpfte Zibele trage, wo stinke, Murmelifett yrybe, Arnikasaubi dra schmiere, Rosssaubi la ywürke, kes Schwynigs ässe u ke Räätech, gar ke Wysswy trinke, Umschleeg mache mit Kirsch oder Bätzi. D Grossmueter git nid schnäu uuf, probiert sämtlechi Husmitteli düre, leider ohni Erfoug.

Wo si sech ufrafft u zum ne Mediziner geit, heisst de d Diagnose Rheuma. Der Frieda passt das gar nid, da heig si nüüt dervo, wes e angere Name gäb statt Gsüchti, me chönn der Chatz ja o Büssi säge, das syg geng no ds glyche Tier. Mit emne nöie Name chömm si nid wyter. Wo der Arzt seit, das syg eifach Vererbig, es gäb leider kes Wundermittu, isch sy beruehiget. Si heigs ja gwüsst, dass di Dökter nüüt chönni, si isst wyter Schwynigs, lost nümm uf Ratschleeg u nimmt keni Medikamänt.

Si schetzt ihres Logis im Vieresibezgi umso meh: Dert hets e chlyne Ofe für im Übergang es bitzli z heize, e Zentrauheizig im Winter mit emne höche Radiator i der Stube u ds ganze Jahr Warm- u Chautwasser fliessend. Si müess nie meh dür e höche Schnee loufe, wüu d Länggass für ds Tram geng gschnuzet syg, Ysblueme gäbs o nümme u jammere nütz sowiso nüüt. So geit si mit ihrer schmärzhafte Chrankheit um, ergit sech i ihres Schicksau u trinkt grad äxtra es Glesli Nöieburger.

Drachefueter u Dreigestirn

Statt funktionali Freizytchleidig u atmigsaktivi Chleider hets früecher nüüt ggä, für nid nass z wärde bim Räge aus e simple Rägeschirm. My Grossvatter ma di blöde Gsteu mit Stängeli u Stoff dranne, wo me graduuf mues häbe, gar nid. Das syg müehsam, der Arm tüeg eim weh, der Stumpe chönn me mit dem Gstelaasch i der Hang nid rächt aazündte, d Zytig unger em Arm wärd einewäg nass, u wes lufti, chehrs das Ghudu, de streckis syner Bei obsi i d Luft u gseiji uus wi ne verhudleti Chrääje. Bim Zämelege heig me di glychi Metti, nume äbe umgekehrt, zersch di Stachle zämebygele, de no der Stoff drum tische, das syg no gnietiger, u zum Schluss müess me das nasse Gschluder no umetrage, so nes Glöu. Gueti Schirmflicker gäbs sowiso nume us Gignese obe am Lago Maggiore, di gschickte Norditaliäner bögli di verhudlete Chrüpple aube wider zwäg für tüürs Gäud.

Das ganze Argumentarium söu eigetlech ablänke vor Houptsach, nämlech, dass my Grossvatter d Schirme hasset, wüu är se drum geng u geng wider laat la lige oder stah. Wenn er e Schirm bruucht, vergisst är ne eifach u weis natürlech nümm, wo.

Da chunnt d Grossmueter i ds Spiu, wo na jedem Verluscht chreftig bauget, lut oder lyslig, mängisch beidwäg. Si fragt nache, aber merkt gly, dass das nid so schlau isch. De het ja ihre Maa müesse ga luege, ob dä Schirm im ‹Zebra› oder ‹Beaulieu› stöng, u wüu är ja nid eifach ir Wirtschaft cha ga yneluege ohni Glaskontakt, zieh sech syni Suechaktione zimlech i d Lengi.

Der Grossvatter suecht de nam ne schwarze Schirm, für ihn gseh die aui glych uus. D Erfouge vo syne Recherche sy nume mittumässig, entwäder chunnt e verhudlete, länge Schirm, e verddrückte Knirps oder süsch es unmüglechs Modäu hei, so dass wider nid guet Wätter isch. Bim nächschte Verluscht isch ds Schimpfe u d Suecherei wider losggange. O ds Fundbüro nützt nüüt, är steit vo re Hampfele Schirme, aui gseh glych uus, bsungeri Merkmau erchennt är nid, u de chunnt är meischtens z läärem hei, ussert er syg no in ere Beiz verby, de isch är ds Gägeteu dervo.

D Grossmueter chouft glägetlech wider nöiji Schirme, wüu si nid gärn nass wird. Das Perpetuum mobile geit jahrelang, d Frieda tuet nöiji zueche u der Walter laat se stah.

Vilech wär das no lang so wyterggange, we der Grossvatter nid eines Tages der Boge überspannt hätti: D Frieda überchunnt vo ihre Fründinne zum Geburtstag e wunderschöne häugraue Schirm mit emne elegant gschnitzte Tierchopf aus Griff, derzue es längs Etui für ne yzpacke. Der Clou aber vo däm Gschänk isch ds roserote Fueter mit graue Tüpfli u Rüüscheli em Rand naa. Es Prachtsstück, e Ougeweid. Natürlech giut, dass der Grossvater genau dä Schirm nid dörf bruuche, so wär d Abmachig. A däm Morge aber strääzt es, d Alarmglöggeli lüte nume churz i Walters Chopf. Er nimmt sech feusefescht vor, dä Parapluie sicher hei z bringe. Mugge tüeg er ne ja nid, eifach hurti vertlehne, isch sy Überlegig.

Es isch cho, wis het müesse: Der Schirm rückt nümm im Vierezibezgi aa, derfür der Grossvatter elei. D Frieda merkt leider sofort, was ggange isch. Itz hanget der Hussäge schief, sehr schief, d Stimmig isch im Chäuer, aui Exgüsee nütze nüüt, entfache im Gägeteu d Gluet vor Wuet bir ehemalige Bsitzere wyter. D Suechi duuret das Mau nume e Stung, o bim Tram wüsse si nüüt vo däm Schirm mit em roserote tüpfelete Gloschli. D Laag isch höchscht ärnscht, was itze?

E Sofortmassnahm mues häre, e nöie Huet oder es nöis Chleid geit viu z lang. Bis de d Frieda usegläse het, chas duure, drum hirnet der Sünder zümftig.

Im Hirschegrabe bim Blueme Ehrhardt wird der Walter fündig, er chunnt mit emene toue Struuss roseroti Nägeli mit Asparaguschrut zrugg, schön verpackt. Der Hussäge isch de weniger schreeg ghanget, aber es bruucht no Nachschlag nar erschte Portion. My Grossvatter seit dene Bluemesträüss für Fride z mache nämlech Drachefueter, u für so ne füürige Drache bruuchts äbe mehreri Gäng, bis er nümme läuet.

Der Walter zieht syni Konsequänze us der Gloschli-schirm-Gschicht. Er rüehrt nie meh e Schirm aa, setzt sy verbbülete Manchesterhuet oder süsch e aute Göggs uuf bi Räge u worgget ne när i Mantusack oder wird ganz eifach nass, s isch ja nid wyt zum Tram.

Mir kenne di Gschicht u we mer z Visite sy im Vieresibezgi un es chli tröpfelet, tube mir mit emne Schirm los u hole der Grossvatter bir Station ‹Tobler› voore ab. Da fröit er sech u weis, was er üs schuudig isch, nämlech e Gschicht. Nid irgendeini, e ufgschribni, e geng glychi, nenei, jedes Mau es Originau, e einmaligi Erzählig, won är äxtra für üs erfingt. Scho bim Abhole sondiert är, bereitet sech pädagogisch gschickt vor u ernäslet es paar Stichwörter vo üs. Auso öppe: Waud, Rucksack, Beckerei, Wirtschaft, Puurehuus.

Ei wichtigi Konschtante gits i aune Erzählige, u das isch der Schinterhannes, der Houptakteur. Är isch e spannendi Mischig zwüsche Vagant, Robin Hood, Philosoph, Spitzbueb, Schlitzohr u wahrschylech o mym Grossvatter, wo ne blüejendi Fantasie u ne gnaui Beobachtigsgab het. Nam Zmittag ligt der Grossvatter es Viertustündli ab im Stübli, när dörfe mir ne wecke. Natürlech schlaft er nid u fröit sech, wenn är plötzlech ufschiesst u üs cha erchlüpfe. Ändlech ischs so wyt! D Grossmueter ermahnet ne geng, nid z viu z kohle u z übertrybe oder üs Angscht z mache. Das het er nie, er luegt üs guet aa u merkt, was es ma verlyde. Viu Humor het der Walter, das gspürt me, u syner Erzählige gönge geng guet uus, o wes zwüschedüre bi de arme Lüt oder böse Wirte ärnscht wird.

Der Schinterhannes wird üse Heud, wo vom Büromönsch zum säubständige Unikum mutiert, hüt sieg me e Usstyiger, wo Ungrächtigkeite nid ma lyde. Wenn är im Winter em Puur sys Ross heimlech uf e Hof füehrt, wüu das arme Tier lang vor der Beiz usse mues warte, leit dä Scheum Hannes es Briefli uf e Sattu, wos heisst: «Bin heimgegangen, hatte kalte Füsse, dein Pferd Fanny.»

Bi der Broye, wo der Grossvatter öppe mit sym Schiffli düre tuckeret, plünderet der Schinterhannes grad am Yygang bim Vully einisch e Wychäuer, wüu dä Puur mit Aarbärger-Oechsli, auso Zucker, nachegsüesst heigi. A d Tür hänkt er no nes Zedeli: «Hier Mont Vully, nicht Sirupfabrik.»

We der Schinterhannes zmitts im Bremer übernachtet gäge d Nöibrügg abe u nume der Mond schynt, hei mir aus Zuehörer nie Angscht. Der Grossvatter beschrybt der Bremer, wo mängisch es chyschterigs Chüzli rüeft, mit em Stärnehimu drüber so heimelig, dass mir am liebschte derby wäre.

Der Schinterhannes taglöhneret bim ne gytige Puur u hiuft ufruume, wüu dä es furchtbars Juhee um ds Huus ume het. Füf längi Tag lang wärchet er, aber dä Gythung git ihm nume der Lohn für drei. Drum laat der Schinterhannes Späcksyte u Würscht mitloufe, won är de seeleruehig im Bremer beguetachtet u sech druuf fröit, für di Köschtlechkeite mit syne Kumpane z bodige.

Im stockdunkle Waud, wo sech der Schinterhannes a de Stärnbiuder orientiert, kennt är e Huuffe Versteck, e trochni Höhli oder unger a re gwautige Buechewurzle es hiubs Plätzli. Er dänkt schadefröidig a d Polizei, wo ne sicher suecht, wenn er wider emau stibitzt. Das syg nid stähle, bhouptet är, schliesslech nähm är nume bi dene, wos heige, u gäbs dene, wos bruuche.

Sys Umverteile syg usglychendi Grächtigkeit, aber das verstönge di Spänder u d Tschugger nid. Drum tubet är zytig ab, wenn er zuegryft, damit si ne nid verwütsche, u laat no es Fötzeli zrügg, wos druffe heisst: «Liebe Polizei, ihr seid zu spät, frohe Weihnachten, Hannes.»

Da lache mer grediuse u fröie üs uf di nächschti bluemigi Röibergschicht. Wenn ig bim Vieresibezgy verby fahre, chöme mir di wunderbare, massgschnyderete Erzählige wider i Sinn, koschtbari Stück us myre Jugend.

D Fantasie vom mym Grossvatter spiut im Autag e wichtigi Roue, si liferet ihm für ds Privatläbe schlagendi Argumänt oder gnauer gseit: tolli Usrede. Wenn är nid zur Zyt nach ere Sitzig vom Wallis hei chunnt, natürlech mit ‹syre› BLS, isch der Grund für d Verspätig, dass är no der Herr Fendant heig troffe, oder der Herr Johannisbärg, u im Waadtland ischs der Herr

Féchy oder der Houptme Yvorne, wo me heig müesse grüesse u chli brichte mit ne. O na serigne Exkursione, natürlech sträng dienschtleche, bruuchts de aube Drachefueter.

Di chlyni Stärnwarte bim hütige Inschtitut für exakti Wüsseschafte fasziniert my Grossvatter geng. Er kennt dert e Mitarbeiter u i klare Nächt darf är mit emne Teleskop ga der Nachthimu luege. D Waag, d Kasiopeia u di wunderbare Stärnbiuder, Stärnschnuppe oder d Galaxie beschäftige ne. Das heig ke Mönsch gmacht, süsch wär das lengschte obenabe cho, philosophiert är, u der Mitarbeiter, wo sech aube Zyt nimmt für ihn, pflichtet ihm by. Bsungers di präzise Umloufbahne beydrucke em Walter sys Ysebahnerhärz. So wyt wägg u so genau, eifach ungloublech, dä Himu, u ohni Signau u Weiche!

Wo de der erscht Amerikaner uf em Mond landet, höcklet der Walter hinger sym nigunagunöie Fernseh, won er äxtra für das wichtige Ereignis zueche tuet. Di Riisedischtanz u de der Mond z preiche, beydrucke ne, aber mache ihn o nachdänklech, wüu är d USA skeptisch beobachtet. Die heigi ja viu z wenig Ysebahne dert äne u z viu Outo, das gfaui ihm gar nid, er fürchti, dass di Spinner uf em Mond de Outobahne boui. Für di Horrorvision chli abzmiudere, wycht de der Walter uus uf sys irdische Länggass-Dreigestirn, wo geng lüüchtet: ‹Apollo›, ‹Beaulieu› u ‹Schwyzerbund›.

CHARCUTERIE
BOUCHERIE

Bletterteig u Bärner Platte

Jede Samschtigmorge göh d Frieda u my Mueter zäme z Märit. Di zwo hei e bestimmte Chehr, dä isch geng glych, wi der Wäg vo der Sunne um d Ärde. Beide gartne säuber, drum wei si wüsse, was d Puure aues hei, vilech di schönere Bohne oder di brevere Salatchöpf, me gseht geng öppis Nöis.

Aafaa tüe si ihre Bummu bir Schauplatzgass obe, göh rächts dür di schmali Loube u luege u bewundere, was um Bärn ume aus wachst. Saisongrächti Waar würd me hüt säge, denn gits no nid Ärdbeeri ar Wiehnachte u Ananas im Summer.

Si bestuune, schmöcke, verglyche d Pryse, träffe Bekannti, brichte u chöme uf e Bundesplatz. Dert steit ‹ihri› Püüri oder ‹ihre› Puur, wo si sit Jahre kenne. Itz schlö si zue, e nöiji Härdöpfusorte, es unbekannts Gwürzchrütli, aues, wo si nid säuber pflanze, wird usprobiert. Bi de Öpfu häbe si uf auti Sorte, ‹Reinette›, ‹Bärner Rose›, ‹Jonathan›, d Kommissionenetzli füue sech langsam u di gflochtne Märitwägeli wärde schwärer.

Es geit no wyter zur Münschtergass abe uf e Fleischmärit. Dert hets Metzger vom Land mit wunderbarer gröikter Hamme, schöne Rindsbräte u chüschtige Würscht, Herrlechkeite für di nächschti Wuche.

Si loufe zrügg zum Bundesplatz, natürlech bi angerne Ständ düre, choufe eigetlech nümm viu, aber luege intensiv. Aui di Blueme, Röseli, Dahlie, Digitalis, Sunneblueme, eifach e Pracht, u di zwo gänggele geng e Struuss, Blueme heig me nie gnue. Ersch itz gits es Gaffee u derzue es Gipfeli, wo schön brösmelet, das isch äbe Märit.

Ds Inträsse für aues, wo wachst, ghört zu myr Grossmueter. Nam Chrieg, wo me wider cha reise, göh myner Grosseutere gärn i ds Ussland, vor auem uf Italie. Der Grossvatter beguetachtet di uferstangene Bahnhöf u di gflickte Weiche u Schinesträng. D Grossmueter fröit sech über unbekannti Gwächs, Palme u Oleander, wo i aune Farbe a de Bahnbörter blüeije. Bsungers passt beidne di italiänischi Chuchi, wos Gmües git, wo me ir Länggass no gar nid kennt.

O dert unger geit d Frieda uf e Märit, mit nid so grosse Italiänischkenntnis, aber offene Ouge: Aubergine, Zucchini, Peperoni, Broccoli, aus schön farbig. Si bringts zstang, dass si ir Hotelchuchi landet u ihre der Choch mit Händ u Füess erklärt, wi me us dene Sache es feins Ässe zouberet.

Süberlech schrybt si aues uuf, geit vor em Heireise nomau uf e Märit, chouft Sämli oder sogar Setzlige, die verpackt si y i füechti Handtüecher, ab uf d Reis, ir Länggass uspacke, i nes Glas, de d Schössli i Härd, u meischtens gratets. Plötzlech wachse im Vieresibezgi

Tomate uf em Baukon, ir Pflanzig hinger Köschtlechkeite wi Aubergine oder Broccoli us Italie, wo hie no fasch niemer kennt. O der Puur uf em Märit nid, das macht Fröid, u wüu si weis, wi me se chochet, grad dopplet.

Mängisch, we mir z Bsuech sy im Vieresibezgi, git üs d Frieda e Zwefränkler u schickt üs zum Beck für Bletterteigigs, Patisserie mit Crème u Marzipan passt ihre nid. Mir täsele zum ‹Raemy› hingere, dert lige di guete Sache, eis Stück für 15 Rappe: Wybletter, Schuehsohle, Prussiens, Späckschnitte, Glacé-Stängeli u natürlech Huufyse mit Gomfi, ds Lieblingsgebäck vo myre Grossmueter. Die probiert si geng wider säuber z mache, aber das bringt si eifach nid häre u tröschtet sech dermit, si heig ds Becke schliesslech nid glehrt.

Mir trage di Papierseckli mit dene süesse Versuechige geng ehrfürchtig hei, d Frieda chochet Schwarztee. Bi schönem Wätter ässe mir di feine Sache uf em Baukon u luege vo höch obe zum Gurte übere u uf d Länggassstrass abe, wo sit de Sächzgerjahr geng meh Outo dürefahre, so dass Ample nötig wärde, für dä Verchehr z organisiere.

My Grossmueter ghört zur Generation, wo am Sunntig schöni Chleider treit u a däm Fyrtag no es äxtranigs Gschiir füre ruumt. Ds Wärchtiggschiir isch wyss mit emne fyne Guudrand, nüüt bsungers, aber am Sunntig u a Feschttage chunnt ds Vieux-Strasbourg uf e Tisch: dunkugrüen grändlet mit chlyne Buggee, natürlech mit grosse Täuer, serige für d Suppe u ds Dessert, Terrine, Plattene, Saucière u Gaffeetassli, eifach auem.

Am Samschtigaabe chnöilet d Frieda vor em Büffee u ruumt ihri Schätz füre, am Sunntigaabe chunnt aues wider yne. Säubverständlech lige es wysses lynigs Tischtuech u Serviette mit ihrem Mongramm uf em Tisch, süsch sygs nid Sunntig, Punktum. Natürlech gits derzue Siuberbsteck u fyni Mässer, de schmöck me ds Ässe besser, seit si. Mir erläbes geng wider, wi schön das isch, a ne sorgfäutig ddeckte Tisch z hocke, i der Serviette no es Blüemli oder es schöns Blatt, eifach mit Liebi häre tischelet.

Ds Nöijahr fyre mir geng bi de Grosseutere im Vieresibezgi, es isch e Tradition, geng glych, es feschts Rituau. Währet em Chrieg isch ds Menü eifach, aber nam Chrieg isch d Grossmueter stouz, dass si rächt cha uftische.

Aafaa tuets mit de Vorbereitige, auso mit Chüechle: Ir Chuchi entstöh Schlüferli, Chnöiblätze, hüt seit me Fasnachtschüechli, u säuber gmachti Meränggeschale. Für das bsungere Ässe bruuchts tagelangi Vorarbeit, o der Chäuer u Eschtrig sy beteiliget plus e Huuffe Lädeli.

Ir Mansarde obe hout d Grossmueter säuber tröchneti Öpfuschnitz u düüri Bohne, im Chäuer Suurchabis us em Standeli, Härdöpfu, Anke us de blaugraue Häfe u ygmachti Eier. Ds Suppefleisch u ds Gröikte liferet der Metzger ‹Junker›, d Zungewürscht chöme vom ne Puur ds Illiswil.

Der Grossvatter organisiert der Wy, säubverständlech Burgunder. Der Walter hautet sech sträng a d Beaujolaisgränze i der Schwyz, wo genau nam Aargauer Freiamt ändet, drum gits nie Oschtschwyzer. Er weis, dass der Usdruck ‹charger pour Solheure› äbe us aute Zyte chunnt, wo me z Solothurn hinger di koschtbare Wyfesser us Frankrych umglade het u de öppe es Malheur passiert isch, so dass me das verheite Fass sofort het müesse konsumiere. Die Gschicht ghöre mir hundert Mau, si geit offebar o tief yne.

Am Nöijahrsmorge vor em Ässe loufe mir geng zur Halebrügg abe, auso d Manne u d Ching. My Mueter u d Grossmueter decke sider der Tisch mit em Vieux-Strasbourg u fäutele di gsterkte Serviette mit Monogramm us wysser Lyne.

Bim Heigah vo der Halebrügg heis di Grosse luschtig wäg em Früehschoppe i der Beiz, wo sy Würkig zeigt, u der Wäg dür e Bremer uuf chunnt üs Ching churz vor. D Manne mache mit gfrorne Tannzäpfe Wytwurf u my Unggle, der gross Velofahrer, gwinnt meischtens.

Ändlech sy mir de zrügg im Vieresibezgi, u de gly bir Fleischsuppe u Bärner Platte mit aune Schiggane. Der

Namittag geit bis am Aabe, me lachet, brichtet u verzeut. Damit es üs Ching nid längwylig wird, spile di Erwachsene zwüschyne ‹Tschou Sepp› mit üs.

Wüu my Grossmueter nie schmürzelet bim Choche, blybt de gnueg fürig, wo mir gärn mitnähme. Suurchabis syg ufgwermt sowiso viu besser, heissts.

Viu vo dene Gschichte vom Vieresibezgi weis i hüt nümm, aber di Fröid, dä Stouz u di Dankbarkeit vo myne Grosseutere nam Zwöite Wäutchrieg, dass me sy Familie rych darf bewirte, han i nid vergässe. Si macht mir bis hüt tief Ydruck, u wen ig mängisch näb em aute Egghuus düre fahre, schmöcken ig irgendwie Suurchabis u Gröikts.

LONGINES

Änderige u Ändstation

D Länggass isch hüt es totaus In-Quartier. I dene füfzg Jahr, vo 1930 bis 1980, wo myner Grosseutere im Vieresibezgi wohne, veränderet si sech gwautig, bsungers nam Zwöite Wäutchrieg.

Bis denn trybt me o ir Stadt Wintersport. Nach emene brave Schneefau sy d Strasse wyss u mänge Tag bblibe – es Fescht für d Ching, Müeh u Erger für di Erwachsene. Huuffe Schüeler trage no Houzböde mit Höi oder Zytige drinne, für d Füess warm z bhaute. Plötzlech trage aui Länggässler Houztrogle, je grösser, desto besser. Natürlech murxe d Giele mit viu Flyss aui Negu u Yseli mit Bysszangene us der Sohle use, süsch brämse die. Mänge cha zeige, wi ärnscht es ihm isch, wen er sym Schuelschatz aui störende Negeli usrysst.

Kes Ströisauz u keni Schneepflüeg zerstöre di wyssi Pracht, öppe chli Grien oder Äsche ströit me. Das isch de schnäu wäggwüscht, wes di freiji Fahrt behinderet.

Itz geits los: Mit Houzschlitte, Schufle u Brätter präpariert me d Pischte, öppe bim Ralligstützli u em Schanzestutz uf der Brügg gäge d Stadt abe. Uf em Schlitte i länge zämeghänkte Reihe, büüchlige, o ir Schnäggeposcht suuset me abe, Verchehr hets ganz wenig, ds Tram blybt wäge de verysete Schine stecke u d Outo chäme sowiso nid ufe, wüus kener Winterpneu git. Gibele isch es Zouberwort: Abefreese, Ufezieh, der ganz Namittag lang. Davoser Schlitte touche us em Chäuer uuf u mängisch no Chessuschlitte mit Yseringe ungerdra, wo wunderbar tschädere.

O d Houzbödekünschtler wärde grüehmt na es paar wiude Fahrte; wes schön Schlyf het u der Bode wi ne Ysbahn glänzt, schlaat d Stung vo dene Akrobate. Na es paarne Stürz, Hosebodelandige oder Pürzliböim, gratets ne. Zersch tou Aalouf näh vor em Schanzestutz, näb em Frouespitau, das isch nid so eifach, wüu me fasch keni Negu meh het uf de Sohle. När rütscht me, chugelet, fahrt d Kurve, natürlech aues vo Göisse, Gschrei u Glächter begleitet. Heude sy die, wo i eim Schnuuss di ganzi Schanzebrügg ab sy oder unger am Ralligschtützli no uf de Füess stöh. Zueschouer verschwinde schnäu, wüu si süsch müesse für ne Notbrämsig häreha u säuber im Schnee lande.

Sogar Schyfahrer chrüze uf der Schanzebrügg mit ihrne Fassdube Margge Eigebou u länge Hasustäcke uuf. Es Meischterstück isch na der pfyfegrade Abfahrt ohni Bögli zungerscht am Stutz e Chrigeler gäge rächts oder linggs i d Loupestrass z schrysse, dass ds Ysch chrachet u chroset un es bewunderndi Blicke haglet.

Nydigi Blicke göh zu de Schlyfschuehfahrer, di meischte no mit Aaschrübeler, wo me ar Schuehsohle befeschtigt, u me isch froh, we si nid lö la gah. Uf mängem Platz vo der Länggass hets chlyni gforni Glungge, für dä Sport z lehre. Vor der Poulus-Chiuche bim Büehlplatz ligt e gäbigi Ysflechi, dert fahre die hingertsi u füretsi, wo Kunschtschlööf hei, auso Äxtraschueh mit höche Chnöpflischäft u länge ufebogne Yse zum Brämse vordranne.

Mängisch geits a chaute Tage uf de Stütz ir Länggass zue wi im ne höuzige Himu, u dank der Cheuti u de Schneemasse cha me di wyssi Pracht wuchelang gniesse.

My Grossmueter het grosse Reschpäkt vor em Glattys, aber si luegt de Junge gärn zue, bsungers dene, wo sech der Schanzestutz ab wage. Drum isch si gar nid zfride mit däm Strom vo Outo, wo nam Chrieg geng mächtiger wird, so dass me der Wintersport dert verbietet.

Es passt ere gar nid, wo ‹ihres› aute Füfitram samt de Schine verschwindet u dür e Trolleybus Nummero zwöuf ersetzt wird. Das ergeret o my Ysebahner-Grossvatter furchtbar. Ds Tram syg fasch geng der Schanzestutz uuf cho, das mit de sterchere Motore vom Bus, syge fuli Usrede. Ds Tram heig e grossi Zuekunft wi d Bahn, aber das gseije d Politiker wider mau nid. Dä Bus wurmet ne, syner Briefe dergäge nütze leider nüüt. Är het doch no Rächt übercho, viu speter redt me z Bärn plötzlech wider vo dä umwäutfründleche Tram.

D Länggass veränderet sech bsungers i dä späte Füfzgerjahr, überau wird bbouet u glochet. Im Hochfäud hinger mues der aut Schuttplatz vom FC Länggass wyche wäg em Nöibou vor Sek. Verby isch ds Chrättele o für myner Grosseutere, na dryssg Jahr verschwindet ihri Pflanzig unger em nöie Tierspitau. Das chunnt se hert aa.

Mir sy di Grossbousteu mängisch ga luege, vo de Profiustange bis zur fertige Aalag. Öppe dert, wo d Zuefahrt zu de Grosstier isch, het aube my Grossmueter gartnet. Dert, wo ihri Stüdeli gwachse sy, fahre hüt Aahänger mit chranke oder verletzte Ross düre, nüüt meh vo Spinet, Mangoud u Himbeeri. Mängisch sy mir zu de Grosstierhaue uf Friedas ehemalige Pflanzblätz, da isch si nachdänklech worde: Ihre sorgfäutig ghäckerlet Bode verschwindet u wycht em Beton u de Bachsteine.

Mir mache mit ihre längi Spaziergäng, für aui di Veränderige i der Länggass z beguetachte u vilech o, für sech dermit z befasse u Abschiid z näh vo däm, wo verby isch. Mit em nöie Tierspitau chunnt o der ‹Lindehof›, wo früecher bim Stadtbach voore ir Länggass gstange isch. Wo längi Profiustange für das Spitau ihri spitze Finger us de Pflanzblätze i Himu recke, frage sech myner Grosseutere, obs de ächt gnue chranki Lüt heig, für das Riisegeböid z füue. Es gäb no di brandnöiji ‹Insel› u das Bettehochhuus dert syg so gwautig, das wärd garantiert nie vou mit Patiänte. Bi der Yweihig vom ‹Lindehof› steit my Grossmueter ehrfürchtig vor em Trakt mit de Chrankezimmer. Si schmunzlet, das chömi ihre vor wi ne riisigi Gumode, es fäuti sech nume, dass me di einzelne Rüüm mit dä Chranke drinne wi Schublädli chönnti usezieh.

Der ‹Neufeld›-Gymer, wo im wahrschte Sinn im Gjätt usse ligt, heig de sicher keni Schüeler, finge myner Grosseutere, es göng doch niemer so wyt vom Schuss i d Schuel. Aber o dä göh si ga besichtige u stuune über di häue, grosse Schuelzimmer, haubi Turnsäu, u natürlech über ds mehrstöckige Stägehuus, wo ne vorchunnt wi ds Innere vom Münschter.

O ir vordere Länggass wüete Bagger u Boumaschine, es geit um e nöi Bahnhof. Bevor di auti Befeschtigungsaalag abtreit wird, loufe mir bi guetem Wätter öppe mit de Grosseutere gäge Bahnhof füre. Churz vor der Grosse Schanze tschäderets u lärmets bim ‹Kümmerli & Frey›, wo di wunderbare Landcharte druckt. O bim ‹Stämpfli Verlag› rattere gwautigi Druckmaschine vom Morge früeh bis spät am Aabe. Bis i d Strass use schmöcke mir d Druckerschwerzi u bestuune d Arbeiter i ihrne blaue Klufte, wo ohni Angscht mit dene Maschineungetüm umgöh.

Na däm Lärme wirds ruehig gäge d Schanze zue. Plötzlech tuet sech e Park uuf mit Bluemebandeli u emne chlyne Hüsli mit Türmli u re Prachtsussicht bis zu de Bärner Aupe.

Vom Park luegt me diräkt i d Stadt abe, zum Burgerspittu, zur Heiliggeischtchiuche, zum Warehuus ‹Loeb›, zum aute Sackbahnhof, mitts i ds Stadtzäntrum. Üse Wäg füehrt üs de wyter über d Schanzebrügg, abe zum Hirschegrabe, verby am prächtige Sandsteihuus mit der Buechhandlig ‹Francke›.

Wäg em Bahnhofumbou verbreiteret me d Schanzebrügg, ds aute Huus vom ‹Francke› verschwindet, di Grossi Schanze wird gschlisse u umgstautet, ds Pärkli obedruffe mues wägg, zümftigi Ygriffe für di aarouendi Mobilität. Di altygsässne Druckereie bruuche Platz u zügle wägg, d Uni breitet sech uus.

Der nöi Bahnhof het heftigi Fouge für d Länggass. Di usbouti Schanzebrügg wird zum Yfaustor i das beschouleche Quartier, Huus um Huus erobere d Akademiker, oder ömu die, wos wei wärde. Näb em aute Unihouptgeböid wachst ds Inschtitut für Exakti Wüsseschafte häre.

Scho redt me dervo, ds aute Frouespitau ds verlege, es lang umstrittnigs Projekt. Zuekünftigi Jurischte söue i de ehemalige Gynäkologiesäu Vorläsige über Römisches Rächt lose, hoffetlech heige de di Lehrstunde o Häng u Füess, meine myner Grosseutere.

Der Einzig, wo Widerstand leischtet gäg dä Jahrhundertnöibou vom Bahnhof, isch der Adrian vo Buebebärg, der Kommandant vo Murte. Grimmig verharret är bim Hirschegrabe i syr Rüschtig uf em Dänkmau, luegt gäg das Wunderwärk u seit: «So lange in uns eine Ader lebt, gibt keiner nach.» Em Grossvatter het zwar dä Spruch nie passt, so redi nume e stuure Bock, e richtige Militärchopf. Offebar aber bruuchs serigi Dickschädle, uf jede Fau heig däm sy Bärner Gring gnützt, wäg däm heig är nid müesse wyche für e nöie Bahnhof.

Bim Nöibou vom Chemische Inschtitut näb der Poulus-Chiuche fragt sech der Grossvatter ärnschthaft, ob es de würklech es ganzes Hochhuus bruuchi für di wyss gschürzlete Giftmischer u ob die de aui Büez heigi, we si usbbache syge.

Es wyters sichtbars Zeiche vo der Übernahm dür d Uni isch d Schoggifabrigg ‹Tobler›, wo schynbar z wenig Platz het zur Produktion vo Schoggitafele u nach Brünne verleit wird. Das erlöst my Grossmueter vom Schoggiduft, wo si nie het möge. Spannend, dass ir ehemalige ‹Tobler› voore nümm Schoggi mit u ohni Nüss produziert wird, sondern höch aagsehni Geischteswüsseschaftler mit u ohni Doktertitu.

O d Verwautige wachse, d Aukohouverwautig überchunnt näbezueche e moderne Bürotrakt, im Houpgebäud vo der SBB bruuchts geng meh Grawättleti, im Obergricht äbefaus. Churz gseit, Studänte u Beamte ghöre itz zum Biud vor Länggass, derfür verschwinde auti Betriibe u Arbeiter. D Klavier vom ‹Schmidt-Flohr› produziert me nümm ir hingere Länggass, d ‹Von-Roll Giesserei- & Weichefabrigg› steut der Betriib y, der ‹Kümmerly & Frey› isch nümm säubständig, d Uniformefabrigg ‹Luginbühl› vor Zähringerstrass züglet wyter u d Täfelifabrigg ‹Klameth› tuet zue. Lüt, wo mit de Häng schaffe, wärde ir Länggass geng säutener. Us em Arbeiter- u Gwärbquartier wird i churzer Zyt es Dienstleischtigs- u Akademikerviertu.

D Frieda merkt das a viune Veränderige i ihrem Autag heftig: Miuchhandlige, Spezereilädeli, Kiosk, Uhrmacher, Metzgereie, Beckereie, Wullegschäft u Papeterie verschwinde eifach, itz chöme di grosse Ychoufszäntre mit Säubstbedienig u Wägeli, wo me Huuffe Waar drinn zur Kasse fuget. Das gwautige Aagebott verwirrt se, si fingi nüüt meh, niemer chönn eim berate u bim Zahle göngs zue wi am Zibelemärit, eis Drück u ke Platz. So machi ds Kommissiönle ke Fröid meh, Versorgig äbe für Mönschemasse, nümm für nes Quartier.

Nid nume d Yrichtige verändere sech, sondern o ds Ässverhaute uf der Strass. Plötzlech vertrome Mönsche ständlige oder währet em Loufe ihres Zmittag. Das fingt my Grossmueter eigenartig, we me sech nümm Zyt nähm für abzhocke, aber der Fast Food eroberet o d Länggass. Döner-Läde göh uuf u zue, Pizzerie chöme u verschwinde u Wystübli probiere z überläbe. O d Beizelandschaft wird umpflüegt. Us der ‹Casa d Italia› gits es öffentlechs Restaurant, der ‹Schwyzerbund› verschwindet u wird zum ‹Mappamondo›, u der Grossvatter isch dankbar, dass ds ‹Zebra›, ds ‹Waldheim› u ds ‹Beaulieu› überläbe.

E Huuffe nöiji Sache ir Länggass gfaue myne Grosseutere, zum Byspiu, dass me auti Hüser wider zwägmacht. Em Wachtuwäg hinger, wo si einisch gwohnt hei, gseh si, wi me mit viu Liebi auti Wohnige renoviert. Derzue ghöre o di graue Houzhüser ar Mittustrass, wo me nume sanft ygryft wi am Faukeplatz bim Türmlihuus, em ‹Palazzo Prozzi›, wo früsch useputzt glänzt wi nöi.

Fasch bim Vieresibezgi ar Länggasstrass gits scho geng e Chinderchrippe, wo me d Ching vo de bruefstätige Eutere hüetet. My Grossmueter duure di chlyne Grööggle geng, wo dert häre müesse. Wos de ‹Kita› heisst u ganz angers zue u här geit, sogar Vättere d Ching ablifere, merkt d Frieda, dass e nöiji Zyt aabricht. Manne im beschte Auter am Morge früech mit Chinderwägeli, so öppis Sturms!

Ds Vieresibezgi isch ds Deheime vo myne Grosseutere, d Länggass sowiso. Wo sy aut u chrank wärde, isch klar, dass si im Quartier blybe. Si reserviere am Ahornwäg e chlyni Wohnig, aber eigetlech wette si gar nid zügle. Di gueti Nachbarschaft, di gäbigi Laag, di sunnigi Wohnig, di churze Wäge zu de Läde, der Bus fasch vor der Tür, das aues ufgä na füfzg guete Jahr?

D Grossmueter hanget a ihrem Logis wi am erschte Tag u der Grossvatter wett niene angersch häre. Aber äbe, ds Stägeloufe u d Waar-Ufetrage wird müehsam, es bruucht chlyni u geng grösseri Pouse, mängisch churz abhöckle uf emne Tritt, verschnuufe, wider es paar Stuefe, bis si ändlech dobe sy. D Grosseutere zögere lang, d Frag vo Blybe oder Furtgah beschäftiget se geng wider. Der vernümftig Entschluss für z gah, stüdele si lang use, so wi mes äbe macht, we me sött u nid wott.

Ändlech, nach emne böse Sturz vom Grossvatter, zügle si i ds Autersheim füre. Es gfaut ne guet, aues geit fasch vo säuber, Wäsche, Choche u Putze. Aber beidi hei Längizyti nam Vieresibezgi u spaziere hüüffig bi ihrem aute Logis verby. Wo d Frieda chrank wird, isch das natürlech, wüu si nümm richtig deheime syg, bhouptet si. Es chöme Operatione, Spitau- u Heimufenthaute, speter ärnschti Chrankheite, plötzlech sy beidi Grosseutere betroffe. Si mache sech keni Illusione, si heigi es guets Läbe gha, finge beidi. D Frieda git klari Kunzine. We si scho nümm im Bremer chönn ga loufe, wöu si unbedingt im Bremgartefriedhof müglechscht naach bim Waud beärdiget wärde, mit em Walter.

Innerhaub vo zwone Wuche, uf d Stung genau, stärbe beidi nachenang. Zwöi Mau Abschiid näh uf em Bremgartefriedhof mit Bewohner vom Vieresibezgi u Fründe, zwöi Mau innerhaub vo vierzäh Tag im ‹Beaulieu› unger de schattige Chegeleböim aastosse uf d Frieda u der Walter. Was blybt, sy koschtbari Erinnerige a myner Grosseutere us em Vieresibezgi.

CHOCOLAT
TOBLER

Familierezäpt für ne bravi Bärner Züpfe

nach der Frieda Aellig,
mym liebe Länggass-Grosi (1892–1980)

Zuetate

1 Hefewürfeli à 20 g, nid Bio
2–3 gstricheni Teelöffeli Salz
100–120 g Anke, ja nid Margarine,
süsch merkt me se
6 dl Milch
1 kg Mehl, am beschte Semmelmäu
(het meh Chläber) oder Zopfmäu
1 Eigäub
1 Bachtrennpapier
1 Chuchimaschine oder e starche Maa
mit Kondition

Zuebereitig

- Miuch mit em Anke erwärme, uf Körpertemperatur, teschte mit em Handrügge u i d Rüehrschüssle vor Chuchimaschine lääre
- Ds Hefewürfeli mit Salz uflöse, das git es häubruuns Wässerli
- Ds Hefewässerli o i d Ankemiuch schütte u derzue ds ganze Mäu

- Mit em Chnätthaagge 1–2 Min. langsam, När 2 Min. schnäu chnätte
- Rüehrschüssle mit emne füechte Chuchituech zuedecke
- öppe 30 Min. la ufgah, bis sech ds Chuchituech wöubt

- Der Teig i 2 Bitze schnyde für 1 Züpfe oder 4 Bitze für 2 Züpfe
- Us em Teig 2 oder 4 längi Würm forme
- Je 2 Würm über ds Chrüz lege
- Flächte, ja nid z viu dänke, süsch gits Wäbfähler

- Ds Bachbläch mit Papier belege
- d Züpfe druuf, mit Eigäub bestryche
- Ds Bläch i ds ungere Drittu vom chaute Ofe schiebe
- öppe 30 Min. mit Umluft bi 220 Grad bache,
- när öppe 20 Min. bi 180 Grad, d Farb guet beobachte
- Züpfe vom Bläch näh, uf enes Gitter lege, süsch wird der Bode teigig

Achtung

Fynschmöcker grate bi Züpfe i wyteri Versuechige, drum am beschte grad 2 Exemplar kreiere

Bildnachweise

Coverbild
Länggassstrasse 7/Hallerstrasse 1, 20. Jh., Burgerbibliothek Bern, Sammlung Hans-Ulrich Suter 1141

Inhalt
Grosseltern Frieda (rechts) und Walter mit Brautmutter (links) an der Hochzeit ihres Sohns Heiri, 1953, Foto aus dem Familienalbum

Vorwort
Haus an der Länggasstrasse 74, ca. 1940, Foto aus dem Familienalbum

Toblerone u Tram
Bahnhofplatz / Bahnhof/Heiliggeistkirche, vor 16. November 1958, Burgerbibliothek Bern, N Agathon Aerni AK.1430

Sunne u Schiggane
Grosseltern Frieda und Walter, 1946, Foto aus dem Familienalbum

Wohlesee u Wurmbüchse
Grossvater Walter beim Fischen, 1968, Foto aus dem Familienalbum

Schaggettchleider u Schabe
Grossmutter Frieda, 1939, Foto aus dem Familienalbum

Krach u Kicker
Wankdorf (Sportplatz), 22. September 1963, Fotograf: Max Albert Vogt, Burgerbibliothek Bern, FPa.9, Bl. 30 unten

Radio u Rückzug
Länggassstrasse 74/Hochfeldstrasse 6–10, bis November 1931, Burgerbibliothek Bern, FP.B.1005

Pladi u Predigt
Handwagen für die Strassenreinigung, Pauluskirche, 20. Jh., Fotograf: unsicher, evtl. Hermann August Julius Völlger, Burgerbibliothek Bern, FN.G.E.436

Caracho u Caracciola
Grand Prix Bern, 1934, Photoglob-Wehrli AG, Burgerbibliothek Bern, FP.D.494

Granium u Gsüchti
Markt auf dem Bärenplatz/Bundesplatz, ca. 1934–1968, Fotograf: Martin Hesse, Burgerbibliothek Bern, FN.K.A.1064

Drachefueter u Dreigestirn
Grossvater Walter, 1968, Foto aus dem Familienalbum

Bletterteig u Bärner Platte
Länggassstrasse 36–40a/Seidenweg 2–12, 20. Jh., Burgerbibliothek Bern, FI Franco-Suisse 372

Änderige u Ändstation
Universität/Post-Passerelle/Bollwerk 25/Aarbergergasse 63, ab 1905, Burgerbibliothek Bern, Sammlung Hans-Ulrich Suter 1251

Familierezäpt für ne bravi Bärner Züpfe
‹Chocolat Tobler›, 18. April 1913, Burgerbibliothek Bern, FPa.8, S. 86 oben; FN.G.C.1053

Mundart bei Zytglogge

Loni Lehmann

Gschäft isch Gschäft

Vo Zäziwil uf Bärn, Familiegschichte
ISBN 978-3-7296-0714-9

Hörbuch, erzählt von Lilly Friedrich
EAN 7611698043472

Mit einer guten Portion Humor beschreibt die Autorin ihre lebhafte Kindheit in ihrer Familie in Zäziwil und ihren weiteren Lebensweg, der sie schliesslich in die Berner Länggasse führt. Wir dürfen miterleben, wie Loni und ihr Mann eine Metzgerei und ein Restaurant aufbauen und sich später in den Alterssitz am Wohlensee zurückziehen. Der Lebenskreis – ein reich beblätterter Lebensbaum – schliesst sich.

Mundart bei Zytglogge

Ursula Stalder-Witschi

Darfs es bitzeli meh sy

Gschichte us der Nachbarschaft

ISBN 978-3-7296-0964-8

Ein gewöhnliches Quartier mit individuellen Menschen, die ihren Lebensalltag bestreiten. Auf den ersten Blick ist alles ganz gewohnt. Nur lose mit ihrer Nachbarschaft verbunden, teilen sie doch mehr untereinander als ihnen bewusst ist.

Ursula Stalder-Witschi gelingt es, gekonnt und bedacht von Menschen und ihren Sorgen und Hoffnungen zu erzählen. Ihre Geschichten geben Halt und Kraft. Ein Buch, das fragt: ‹Darfs es bitzeli meh sy›?

Mundart bei Zytglogge

Walter Däpp

Langsam pressiere

Morgegschichte inkl. CD
ISBN 978-3-7296-0965-5

Walter Däpps berndeutsche ‹Radio SRF 1 Morgegschichte› sind sinnige und stimmige Alltagsbeobachtungen, die dazu animieren, mit (selbst-)kritischem Schmunzeln über den gewohnten Alltagstrott zu sinnieren.

«Auffallend an dieser Geschichtensammlung ist die Leichtigkeit, die Walter Däpp im Umgang mit der Sprache eigen ist.»

Pedro Lenz

Mundart bei Zytglogge

Maria Lauber/
Kulturgutstiftung Frutigland (Hg.)

Chüngold

Erzählung inkl. CD
ISBN 978-3-7296-0974-7

In ihrer autobiografisch grundierten Mundarterzählung ‹Chüngold› schildert Maria Lauber (1891–1973) das Aufwachsen eines Bergbauernmädchens auf der Schwelle zum 20. Jahrhundert. Die wache, sensible und grübelnde Chüngold versucht in einer stark von traditionellen Identitäten und Werten geprägten (Alpin-)Welt selbstgewiss ihren eigenen Lebensweg zu gehen.

«Maria Lauber, eine ausgezeichnete Lyrikerin, ist meiner Meinung nach in der Mundartliteratur die unangefochtene Meisterin des Beschreibens.»

Christian Schmid

Mundart bei Zytglogge

Alex Kurz

Schlittefahrt uf Bethlehem

Advänts- u Wiehnachtsgschichte

ISBN 978-3-7296-0990-7

Alltagsbegebenheiten wie die Schlittenfahrt eines Jungen oder das Kerzenziehen in der Schule sind Ausgangspunkte für die Geschichten von Alex Kurz, die in die Tiefe führen. Sie spüren mit liebeswürdigem Humor und überraschenden Wendungen dem Geheimnis von Weihnachten nach. Der flüssige Erzählstil und die gekonnt gezogenen Spannungsbögen machen diese berndeutschen Texte zu kleinen Kostbarkeiten, die Lesende durch die Adventszeit und darüber hinaus begleiten.

Mundart bei Zytglogge

Stef Stauffer

Hingerhang

Roman

ISBN 978-3-7296-0994-5

Ein hin- und mitreissender Mundartroman über den ganz normalen Wahnsinn des Heranwachsens und über eine ungewöhnliche Freundschaft, temporeich gegen den Wind erzählt.

«‹Hingerhang› isch es Buech für ds Härz u für e Gring. Aber vor auem ou für ds Zwärchfäu. Bi bim Läse meh weder einisch schier verreckt. D Stoufferstef, die schrybt so, wi mir hie schnure u verzeut Gschichte, wo me hie haut so erläbt. Huereguet im Fau.»

Büne Huber

Mundart bei Zytglogge

Bruno Weber

Wart schnäll

Mundartgschichte
ISBN 978-3-7296-0868-9

Die Geschichten nehmen uns mit auf eine Zeitreise in die 1940er und 1950er Jahre mitten hinein in die Jugendzeit des Autors aus dem Stöckacher.

«Was kann Bruno Weber? Geschichten schreiben, und zwar so, dass wir beim Lesen das Gefühl haben, wir sässen bei ihm in der guten Stube am Kaminfeuer und hörten ihm zu. So einfach ist das. Ist es so einfach? Bruno Weber kann hinschauen und hinhören; er hat die bemerkenswerte Beobachtungsgabe, die es ihm ermöglicht, dem schlichten Alltag abzugewinnen, was wir ja auch sehen und hören könnten, hätten wir nur sein Talent.»

Franz Bigler